# ARISTÓTELES PARA EXECUTIVOS

Como a filosofia ajuda na gestão empresarial

LUIS CARRETO CLAVO

# ARISTÓTELES PARA EXECUTIVOS

Como a filosofia ajuda na gestão empresarial

EDITORA GLOBO

EDITORA GLOBO


Originalmente publicado por Almuzara sobre o título: Siente a Aristóteles en su consejo

Tradução: Luis Reyes Gil
Preparação e revisão: Eliana Rocha
Projeto gráfico e paginação: Laura Gillon
Capa: Epizzo
Imagem de capa: © Creasource/Corbis /LatinStock



Dados Internacionais de Catalogação na Publicação (CIP)
(Câmara Brasileira do Livro, SP, Brasil)

---

Carreto Clavo, Luis
Aristóteles para executivos : como a filosofia ajuda na gestão empresarial / Luis Carreto Clavo. [tradução Luis Reyes Gil]. --
São Paulo : Globo, 2008.
Título original: Siente a Aristóteles en su consejo.
ISBN 978-85-250-4498-3

1. Administração - Aspectos morais e éticos
2. Administração - Filosofia 3. Conhecimento - Teoria
4. Filosofia - História I. Título.

---

08-05622 CDD-658.001

Índices para catálogo sistemático:
1. Administração : Filosofia 658.001
2. Filosofia : Gestão empresarial 658.001

EDITORA GLOBO S.A.
Av. Jaguaré, 1485 – São Paulo, SP, Brasil
05346-902
www.globolivros.com.br

À minha filha Pilar, minha querida adolescente.
Por que será que Deus coloca o melhor
da vida no começo?

A filosofia é um bom conselho.
**Sêneca**

A verdade nunca prejudica uma causa justa.
**Mahatma Gandhi**

A beleza das coisas existe no espírito de quem as contempla.
**David Hume**

Todo ato de bondade é uma demonstração de poder.
**Miguel de Unamuno**

Para melhorar é preciso mudar.
Para ser perfeito é preciso mudar com freqüência.
**Winston Chuchill**

A amizade é um animal de companhia, não de rebanho.
**Plutarco**

O filósofo vai sempre a pé: prefere o bastão da experiência ao carro rápido da sorte.
**Pitágoras de Samos**

# ÍNDICE

# PREFÁCIO

Tinha que ser justamente Córdoba, a pátria de Sêneca, o lugar onde eu teria que encontrar um empresário e, além disso, presidente da associação patronal da província, capaz de realizar a tarefa de conectar o mundo da filosofia ao da empresa, aplicando as categorias e problemas filosóficos clássicos ao árduo terreno da concorrência empresarial, da gestão de equipes ou da pouco lírica procura do lucro.

Apenas por esse ambicioso empenho Luis Carreto já seria digno de admiração e merecedor da gratidão de seus companheiros empresários, cujo trabalho ele busca enobrecer.

Mesmo que seus resultados fossem nulos, nós o admiraríamos tanto quanto a Fernando Villalón, poeta da Baixa Andaluzia que decidiu criar gado só para obter uma raça de touros de olhos azuis. Não conseguiu, mas uma meta tão nobre e tão melancólica só pode receber elogios.

Além do mais, alguém já disse que são nossos anseios, mais que nossas realizações, que nos definem, pois estas últimas dependem de muitos fatores, enquanto os primeiros existem apenas em função de nós mesmos.

Nesse sentido, o elevado anseio do autor de aplicar a filosofia ao mundo empresarial é, por si só, digno de elogios. Mas o fato é que Luis Carreto obtém (contra todos os prognósticos, devo acrescentar) resultados muito interessantes.

Confesso que, ao receber uma cópia do livro para redigir este prefácio, tive a impressão, a julgar pelo título tão impactante, *Aristóteles para executivos – como a filosofia ajuda na gestão empresarial*, que talvez tivesse que enfrentar uma tediosa dissertação teórica do tipo: "Um objeto pode ser considerado uma obra de arte se também serve para limpar a estufa?".

Empresa e filosofia são categorias que só se deram as mãos nos textos dos grandes economistas clássicos, mas, no árido campo das realidades cotidianas, os empresários costumam seguir os conselhos do epigrama: "Não leve em conta os livros, a não ser os livros de contas". Ou seja, eu tinha motivos para nutrir um certo ceticismo antes de começar a leitura.

No entanto, já desde as primeiras linhas vemos que o autor conserva de sua índole empresarial a virtude de ir direto ao ponto, sem rodeios e sem pisar em nenhum dos abundantes charcos que costumam aparecer em terreno tão pantanoso.

Mais ainda, em cada capítulo nos é dado aquilo que foi prometido: descrição da categoria filosófica, sua aplicação à vida empresarial e uma conclusão direta, clara e irrefutável. Até poucos anos atrás, este teria sido um trabalho dirigido a uma minoria. Mas hoje, felizmente, vemos quase no mundo inteiro a difusão dos valores da liberdade de empreender, da economia de mercado e da iniciativa privada.

Este triunfo das liberdades econômicas tem uma clara contrapartida: em toda parte se exige do empresário maior compromisso, maior responsabilidade, maior solidariedade. Desde as teorias do "bom governo" ao exercício da responsabilidade social empresarial; desde a ética nos negócios até as mais diversas auto-regulações; desde o cumprimento estrito das leis fiscais e sociais até o respeito pelo meio ambiente, pelos consumidores e pelas minorias; desde a luta contra a exclusão social até a integração de mais coletividades, as demandas da sociedade em relação aos seus empresários não param de crescer.

Em contrapartida, o empresário obtém o que nunca teve em países como a Espanha: reconhecimento, prestígio e admiração pública. Há dois anos tudo isto que afirmo se refletiu num fato que passou despercebido: a carreira mais procurada pelos universitários espanhóis deixou de ser o direito e passou a ser administração de empresas.

Nesse contexto de pujança dos valores empresariais é que devemos inscrever a oportunidade de obras como a de Luis Carreto, que reflete sobre a filosofia subjacente à agitação das pequenas tarefas e dos urgentes afazeres empresariais, que deixam pouco tempo para o transcendente.

Luis, por exemplo, encontra a verdade no respeito aos princípios da concorrência livre e limpa. Ou faz equivaler o conceito filosófico de beleza com seus correspondentes empresariais, como a direção eficaz de equipes ou o cumprimento de metas sociais. Ou ainda analisa a categoria da bondade, conectando-a habilmente com o exercício da responsabilidade social. Será que se trata de "touros de olhos azuis"? Será um simples empenho poético sem aplicação prática? Se assim fosse, sem dúvida Luis Carreto teria urdido seu livro com muita habilidade, porque o leitor fica convencido de que as grandes categorias filosóficas foram pensadas justamente para iluminar a moderna gestão empresarial.

Além disso, a leitura da obra é muito gratificante, escrita como está em estilo lapidado e ameno, e salpicada de citações e frases escolhidas com critério e bom gosto.

Os bons cozinheiros são os que sabem escolher os melhores ingredientes, extrair o que neles existe de mais requintado e servi-los em quantidades e combinações adequadas. Com as citações literárias e filosóficas acontece o mesmo: notamos nelas o gosto de quem as escolhe, e o de Luis é dos mais refinados que um leitor culto poderia saborear.

Enquanto a grande maioria dos autores se limita a enfileirar longas séries de citações para dar à sua obra uma aparência de erudição, em cada uma das que nos oferece Luis Carreto adivinhamos um lento e cuidado processo de seleção e de adequação ao texto, ao qual se integram como num quebra-cabeça.

O melhor que podemos dizer a respeito de qualquer livro é que não lhe falta nem lhe sobra nenhuma palavra. E isso é perfeitamente aplicável ao livro de Luis Carreto.

Portanto, querido leitor, tenho o prazer de apresentar-lhe a obra de um grande amigo, que soma ao seu objetivo ambicioso um estilo sofisticado e culto e um conteúdo cuja coerência e cuja utilidade surpreendem de maneira muito positiva. O melhor é comprovar isso por si, porque este é um daqueles livros que não decepciona.

*José Maria Cuevas Salvador*
*presidente da Confederação Espanhola*
*de Organizações Empresariais (CEOE)*

# INTRODUÇÃO

Costumo tomar café no bar da Ronda de Córdoba, às oito e quinze da manhã, com meu colaborador mais próximo, Antonio Hidalgo Naz.

Devido à minha atividade de representação empresarial como presidente da Associação de Empresários da Construção de Córdoba, da Confederação de Empresários, CECO, e, por último, da Câmara de Comércio, e como são muitas as pessoas de diferentes âmbitos da sociedade que conhecem este meu costume, meu café matinal foi aos poucos se convertendo em local de encontro e de debate de questões diversas: tanto posso assinar documentos trazidos por colaboradores quanto participar de reuniões de caráter marcadamente técnico, de trabalho, cultural ou político, com enfoques variados. Aquele é um local para negociar, definir estratégias, comentar e falar sobre o divino e o humano, rir, criticar e até maquinar.

Assim, aproveitei uma dessas reuniões no início deste ano para oferecer um livro meu de presente a meu bom amigo Manuel Pimentel. Depois de conversar e analisar alguns projetos empresariais e socioculturais para esta cidade de Córdoba, ele, conhecendo meu interesse pela filosofia, aproveitou a oportunidade para me desafiar a escrever um livro sobre a filosofia aplicada ao mundo empresarial. Se eu o fizesse, ele se comprometia a editá-lo. Eu, que não preciso de muito para aceitar desafios – e com o atrevimento próprio de quem é empresário por temperamento –, aceitei sem hesitar. E aqui está este pequeno livro sobre o que, a meu ver, a filosofia pode trazer de contribuição à empresa.

Córdoba, verão de 2006

# À GUISA DE PREÂMBULO

As definições estratégicas na empresa pressupõem um aprofundamento de conceitos e relações causais essenciais, ou seja, uma análise filosófica. Como a empresa é obra do homem, pode ser esclarecedora uma breve explicação das principais idéias propostas pela filosofia a respeito do homem.

A grandeza do homem é definida por duas coisas: a primeira delas, ter a capacidade de se saber limitado e reconhecer que precisa dos demais; a segunda, sonhar em ser ilimitado e ter a possibilidade de melhorar o tempo e o espaço que lhe couberam habitar. Quando essas duas coisas se dão numa mesma pessoa, sem dúvida estamos diante de um empresário em potencial.

No entanto, cedo ou tarde nossas moedas de vida irão acabar e nos converteremos em pó. Portanto, mais vale saber utilizar com sabedoria e eficácia o tempo que nos coube viver, e assim dedicar tempo a pensar, ler, escrever, aprender, trabalhar, amar, ser amado, compartilhar...

Por outro lado, a vida é trabalho, mas trabalho honesto. Para ser honesto no trabalho é preciso integrar dois fatores fundamentais: raízes profundas e asas fortes para voar. Por raízes profundas entende-se respeitar e atuar de maneira honesta, verdadeira e respeitosa; e, por asas fortes, ser capaz, responsável, trabalhador, cumpridor de seus deveres, inovador e empreendedor.

Tudo isso pode levar ao sucesso, e é aqui que a humildade ganha relevância. A melhor estratégia para consegui-la é fortalecer-se interiormente para não perder o sentido da realidade e da verdade, para não perder a cabeça. Então, o que fazer? Eu me atreveria a propor o fortalecimento de cinco pilares (verdade, beleza, bondade, unidade e amizade) como meio de reforçar as dimensões do ser humano (intelectual, estética, moral, espiritual e afetiva, respectivamente). Só com a mistura adequada destas dimensões, nos diz Aristóteles, a existência é possível.

Tudo indica que as empresas começaram a olhar para os postulados filosóficos para melhorar sua gestão. Quando as empresas não obtêm os resultados esperados, seus executivos, formados para a "ação dura", encaram o problema com um plano agressivo. Podem se sair bem ou mal, mas o mais provável é que não saibam, nem queiram saber, por que isso aconteceu. Mais provável ainda é que continuem fazendo a mesma coisa sem tirar grandes conclusões – é claro, desde que as contas "batam".

Como a filosofia poderia contribuir nestas situações? Alguém com visão filosófica pensa antes de agir, analisa a essência de sua empresa, o que e como vende, o que querem seus clientes, qual é sua identidade empresarial, quais devem ser seus objetivos etc.

Esta tendência de tratar os assuntos empresariais sob o prisma filosófico ganhou força nos Estados Unidos há algumas décadas. Os executivos das empresas norte-americanas começaram a ouvir os filósofos com atenção, ou seja, recorreram à filosofia para compreender melhor o ambiente dos negócios e aplicar seus princípios à gestão empresarial.

Para quem ocupa posições de liderança, encontrar critérios para tomar decisões é fundamental:

> "As decisões costumam estar cheias de incertezas, e, em meio a esta nova economia, é muito valioso encontrar uma âncora, um domínio que esteja conectado ao que somos mais profundamente como pessoas. Desse modo, o que sabemos e fazemos nas empresas é conseqüência de nossa essência como seres humanos", são palavras continuamente repetidas pelo filósofo Peter Koestenbaum em suas palestras sobre liderança. Ele aprofunda ainda mais sua explicação ao afirmar que as idéias filosóficas "dão uma nova perspectiva ao processo de tomada de decisões no seio da empresa, o que nos impede de tomar atalhos. Em questões de estratégia também é útil recorrer a estes princípios: quando aplicados ao pensamento estratégico, fazem surgir idéias condutoras sólidas e critérios invioláveis".

Vejamos agora como devem agir e interagir as partes fundamentais de qualquer sistema empresarial: as pessoas que o fazem funcionar para que ele consiga uma excelência sustentada. Só assim entenderemos a excelência e o sucesso nos negócios.

# I
# É PRECISO TER VALOR, E NÃO COLOCAR UM PREÇO
## (A VERDADE: dimensão intelectual)

Gostaria de começar citando um episódio contado por Tom Morris, que, além de professor de filosofia da Universidade de Notre Dame (Estados Unidos) durante quinze anos, foi criado no seio de uma empresa familiar.

Morris conta que um dia foi jantar com a família num restaurante e, como a espera se fazia mais longa do que seria razoável, perguntou ao garçom, que passava pela mesa sem parar, se a comida iria demorar muito.

> "Ele me olhou espantado", conta Morris, "como se fosse a primeira vez que falássemos com ele, e disse: 'Espere um momento'. Depois de instantes, apareceu o gerente e pediu desculpas, dizendo que nosso pedido havia se extraviado na cozinha e que a comida agora ficaria por conta da casa. Essa honestidade de contar a verdade e assumir a responsabilidade pelas conseqüências fez com que nos tor-

nássemos clientes assíduos. Para se livrar de nós, o gerente poderia ter atribuído o atraso à quantidade de trabalho que tinham na cozinha, mas não o fez. Contou-nos a verdade. Sem dúvida, não é irrelevante o fato de ter assumido nossa despesa, mas, mesmo sem esse gesto de cortesia adicional, o restaurante teria conquistado nossa confiança de uma maneira nova: por meio da verdade."

E Morris conclui:

"Em qualquer aspecto da vida, as relações regem o mundo. Uma relação baseada na falsidade é como uma casa construída sobre areia. Uma relação baseada na verdade é como uma fortaleza sobre uma rocha".

Não foi à toa – acrescento eu – que Goethe disse que todas as leis e normas morais podem ser reduzidas a uma: a verdade. Estou firmemente convencido de que o homem de empresa que decide viver sempre na verdade, no "esplendor da verdade", citando a frase que constitui o início da mais relevante encíclica moral de João Paulo II, não precisa de regras de comportamento, porque saberá sempre o que "deve fazer" para se adequar ao "dever ser".

É capaz de entender que qualquer questão de âmbito econômico deverá ser tratada sem necessidade de recorrer às formalidades do direito, principalmente do direito mercantil, porque o princípio da verdade deve constituir a base do cumprimento das obrigações com que se celebram e interpretam as transações comerciais e empresariais.

O caráter eminentemente moral dessa fórmula considera a boa-fé e a eqüidade – aquele já esquecido princípio da "verdade sabida e da boa-fé guardada" – as verdadeiras regras do jogo nas relações comerciais. Esse princípio deve presidir todo ato mercantil, e quem se esquece dele não demorará a experimentar uma perda maior que a do capital: a da confiança, que em todas as esferas da vida, especialmente na empresarial, é difícil recuperar, e que constitui o mais produtivo de seus capitais.

A verdade é uma palavra que tem sido utilizada com freqüência tanto no âmbito acadêmico quanto na vida cotidiana. Mas é no âmbito da filosofia que ela ganha relevância especial. "Verdadeiro" é o que permanece, o imutável, o que sempre é da mesma maneira. O cambiante é meramente aparente. A verdade é a *forma* de Aristóteles que se encontra oculta atrás do véu das aparências. Ela é o realmente real. Ao contrário de Platão, Aristóteles admite que a substância pode estar submetida a processos de desenvolvimento vital e de devir (gênese), como observava freqüentemente nos embriões de aves, mamíferos ou répteis. Assim, a substância primeira não será simplesmente algo estático (uma "idéia" eterna em Platão), mas uma realidade capaz de se desenvolver, transformar-se, aprimorar-se e crescer. É um ser precário, que nasce e pode perecer. A melhor maneira que Aristóteles encontrou para explicar essa propriedade da substância, dos indivíduos concretos, foi considerá-la um composto de matéria e forma. Um texto de Aristóteles ilustra bem essa idéia:

> "O que se chama forma ou substância não são coisas produzidas, fabricadas ou engendradas; o produzido é o composto de matéria e forma, e recebe em seu conjunto o nome da forma. Por isso, tudo o que é produzido contém matéria. Uma parte da coisa é a matéria, e a outra é a forma".

Lembram-se do "aperto de mão"? Não faz muito tempo, o aperto de mão era lei, sinônimo de verdade, e hoje está quase restrito ao mundo agrícola e pecuário, onde se pratica em alguns âmbitos e por determinadas pessoas. Homens íntegros conseguiam um primeiro empréstimo num banco para o próprio negócio com um simples aperto de mão. Seu aperto de mão era a sua palavra. Hoje não é possível fazer nada sem assinar "papéis"; a palavra, a verdade, não contam.

Qual a origem do aperto de mão? Remotamente, pelo que sabemos, um aperto de mão significava a transmissão de poder de um deus a um governante terreno. Isso se refletia no verbo egípcio "dar", cujo hieróglifo era a representação de uma mão estendida.

Na Babilônia, por volta do ano 1.800 a.C., exigia-se que o rei apertasse as mãos de uma estátua de Marduk, principal divindade da civilização. Este ato, que tinha lugar anualmente durante as festas de Ano Novo, transferia autoridade ao soberano por mais um ano.

A cerimônia era tão persuasiva que, quando os assírios subjugaram a Babilônia e a ocuparam, os reis assírios que vieram depois se sentiram obrigados a adotar o ritual com receio de ofender um poderoso ser celestial, e é este aspecto do aperto de mão que Michelangelo pintou tão soberbamente no teto da Capela Sistina.

O folclore oferece uma origem anterior e mais hipotética do aperto de mão. Na antiguidade, o aldeão que encontrava um homem estranho reagia automaticamente levando a mão à adaga. O desconhecido fazia o mesmo, e, durante um tempo, os dois descreviam círculos cautelosamente, um em frente ao outro. Se ambos se convenciam de que a situação exigia uma troca de palavras em vez de um combate mortal, as adagas eram de novo embainhadas e os dois estendiam a mão direita num gesto de boa vontade. Isso explica por que as mulheres, que ao longo da história nunca portaram armas, não adotaram o costume do aperto de mão.

Outros costumes relacionados com o cumprimento têm também origem antiga. A prática cavalheiresca de tirar ou levantar o chapéu remonta à época dos assírios, quando se exigia dos cativos que ficassem inteiramente nus para demonstrar que aceitavam ser subjugados por seus conquistadores.

Os gregos exigiam que seus serviçais novos se desnudassem da cintura para cima. Tirar uma peça de roupa converteu-se num ato comum de respeito.

Os romanos não chegavam perto de um santuário sem antes se despojarem de suas sandálias, e uma pessoa de nível inferior na hierarquia se descalçava antes de entrar na casa de um superior, costume que os japoneses ainda mantêm, embora modificado.

Na Inglaterra, as mulheres tiravam as luvas ao serem apresentadas a figuras da realeza. Dois outros gestos, um masculino e outro feminino, são vestígios de atos de submissão ou respeito: a inclinação e a reverência. Esta última foi, em outros tempos, uma genuflexão completa.

Na Europa, durante a Idade Média, o ato de descobrir a cabeça era sinal de servidão diante de um senhor feudal. A mensagem implícita era a mesma de tempos anteriores: "Sou teu obediente servidor". Tão persuasivo era este gesto que foi adotado pela Igreja, quando passou a exigir que os homens descobrissem a cabeça ao entrar num templo.

Com o passar do tempo, tornou-se uma regra de etiqueta para o homem mostrar respeito por um igual simplesmente levantando seu chapéu.

Mas vamos descer das alturas e aterrissar. De que maneira Aristóteles trata esta questão da verdade em seus escritos? Primeiro, leve-se em conta que, embora Aristóteles encontrasse o campo da metafísica dominado por Platão, com o predomínio das idéias e, portanto, do mundo ideal e dialético da lógica e do pensamento sobre a realidade e a experiência, ele decidiu criar bases totalmente diferentes onde assentar a filosofia e a ciência. Sua grande revolução ideológica foi justamente no campo da teoria do conhecimento. Contra todos os filósofos que partiam da validade do conhecimento, Aristóteles diz que sem experimentação não há verdade. Conhecemos as complexas definições que os filósofos enunciam a respeito da filosofia e de suas partes. Assim, por metafísica entende-se a ciência que se ocupa das realidades que se encontram acima das físicas, ou seja, das realidades "transfísicas" e, como tal, a metafísica se contrapõe à "física". Em outras palavras, é a disciplina filosófica que trata da essência da realidade total e encerra uma concepção total da vida e do universo.

Pois bem, Aristóteles trata da questão da verdade em sua *Metafísica*, na "Lógica", pois com ela, com o instrumento da lógica, as diferentes ciências e a filosofia nos conduzem à mesma meta: a verdade. Porque a verdade é tanto uma propriedade das coisas quanto do entendimento humano: é verdade que a Terra gira em volta do Sol, do mesmo modo que é verdadeiro o conhecimento que temos dessa realidade.

Então, devemos proceder com lógica na busca da verdade. Mas o que é a lógica? A lógica é o estudo dos processos mentais que nos permitem entender a realidade (conceitos, juízos, arrazoados) e das estratégias empregadas para conhecer de maneira ordenada e eficaz a complexidade do real (análise e síntese, indução e dedução, definição, divisão e classificação). A lógica é uma arte e uma ciência: a arte de raciocinar corretamente e a ciência que estuda as regras e os princípios do raciocínio. Por sua particular incumbência, a lógica é o instrumento universal de toda ciência e da filosofia, e equivale a um necessário controle de qualidade que a inteligência exerce sobre si mesma. Lógica é sinônimo de sensatez, de prudência e do que é razoável.

## O método lógico

Não sei se ficou claro o que é a lógica, mas, para garantir, e dentro do assunto que nos compete, vou defini-la como o instrumento que empregamos para conhecer e, posteriormente, decidir, de uma maneira ordenada e eficaz. Essas estratégias são os passos que a filosofia dá para abrir caminho na complexidade do real. Este caminho ou método (do grego *meta* + *hodos*) tem um processo que deve ser seguido: a análise e a síntese, a indução e a dedução, e a classificação, entre outras que poderiam ser propostas.

Mencionamos o método, vocábulo que nos lembra Descartes, o rei do método, o primeiro filósofo que leva a cabo uma crítica da lógica aristotélica, mais exatamente do silogismo, e que o conduz à ruptura com a metodologia tradicional. No seu *Discurso do método*, Descartes expõe, além disso, a atitude ética que se requer para viver de uma forma adequada e feliz. É o que ele chama de "moral provisória".

Nessa obra, ele busca encontrar um método que, baseado no funcionamento natural da inteligência, evite os erros imputáveis ao seu mau uso e nos conduza de forma segura à verdade.

Voltando a esses passos estratégicos do método, analisar é dividir um todo nas partes que o constituem para facilitar seu estudo de modo ordenado e minucioso. Nas palavras do próprio Descartes:

> "Dividir todo problema que se submeta ao estudo em tantas partes menores quanto seja possível e necessário para resolvê-lo melhor".

Assim como a medicina, em sua análise do corpo humano, realiza um estudo profundo de todos os seus órgãos, nós, empresários, devemos destrinchar um projeto empresarial, ou uma ação concreta, em tantas partes quantas forem possíveis, analisando-as uma a uma, procurando a verdade, sua bondade.

A análise se contrapõe à síntese, que implica a composição ou integração do que estudamos separadamente. A síntese recompõe os elementos em que foi dividida uma realidade complexa ou um determinado projeto. Voltando à mesma comparação, assim como a medicina não compreenderá o corpo humano se não apreciar a coordenação real de seus órgãos, o empresário não entenderá a complexidade de seu projeto se não for capaz de integrar as múltiplas "*ratios*" que se lhe apresentam. Análise e síntese são, pois, fases complementares de um mesmo método. Descartes expressa isso da seguinte maneira:

> "É preciso reconhecer com um movimento continuado e ininterrupto do pensamento todas as coisas que se referem ao nosso fim, e abraçá-las por meio de uma enumeração suficiente e ordenada".

E tudo isso é feito na empresa bem-sucedida, sem noção de que o caminho ou método empregado é o filosófico. A empresa que fracassa, ao contrário, não é capaz de analisar e sintetizar posteriormente seus projetos empresariais. E, tudo isso, sem que nem um nem outro saibam disso.

## O respeito

Vejamos outras questões relacionadas à verdade, como, por exemplo, o respeito.

Faz tempo, um empresário me contou, cheio de espanto, o que lhe disse um de seus funcionários mais veteranos:

> "Chefe, quero lhe dizer que, quando comecei a trabalhar nesta empresa, não estava contente e vinha porque não havia outro remédio. Mas, já faz algum tempo, me perguntam o que penso e contam comigo como ser humano. Quero lhe dizer que agora eu gosto de vir trabalhar".

Um dos gestos mais nobres que podemos ter com um ser humano é perguntar a ele o que pensa sobre o que estamos fazendo juntos. Quando perguntamos querendo saber, tratamos a pessoa com um respeito fundamental, e então é mais que provável que esse gesto nos seja devolvido.

É preciso criar um ambiente adequado para que nossos empregados, e as pessoas em geral, não temam dizer a verdade. Precisamos da verdade para avançar e vencer com segurança as dificuldades que encontramos no caminho para o futuro. Caso contrário, é provável que não a obtenhamos, ou que a obtenhamos em mínimas quantidades, já que os demais não estarão dispostos a compartilhá-la conosco. Muitos executivos e trabalhadores de nossas empresas resistem a dizer uma dura verdade aos que estão sob sua responsabilidade, porque estão trabalhando numa cultura corporativa na qual não está claro qual é o valor exato da verdade.

Se analisássemos o perfil dos diretores de nossas mais destacadas empresas, descobriríamos que uma de suas qualidades mais destacadas é a afinidade visceral com a verdade. A capacidade de lidar com a verdade, a habilidade para encontrá-la e a facilidade para empregá-la fazem parte do exercício do poder. E não seremos especialistas no exercício desse poder a menos que valorizemos as pessoas que nos cercam.

Há bastantes anos conheci Antonio Cabrera (nome fictício, é claro), fundador de uma importante empresa. Como seu negócio cresceu, foi preciso contratar trabalhadores com a experiência técnica necessária para enfrentar esse rápido crescimento. Mas, com esse crescimento, meu amigo Antonio via com preocupação sua empresa se afastar dos princípios sobre os quais havia sido fundada. E me explicou o que fez. Decidiu dedicar parte da semana a aulas de filosofia e teologia para recuperar aqueles valores. Qualquer pessoa pensaria que Antonio havia enlouquecido, mas se essa pessoa soubesse, como eu, de seus estudos de juventude num seminário, saberia que o que ele queria, de fato, era encontrar sua alma. Em contato com Platão, Aristóteles, Descartes, Kant e outros filósofos, ele chegou à conclusão de que não devíamos utilizar as pessoas como utilizamos os objetos, que nunca devíamos valorizar as pessoas por aquilo que elas podem fazer por nós, e sim manter com elas uma relação de respeito e dignidade. Também constatou que sua empresa havia descambado para uma relação com seus clientes na qual o único valor era o dinheiro e o lucro que eles podiam proporcionar à empresa. Antonio utilizou os ensinamentos dos filósofos e teólogos para virar o jogo e mudar as atitudes dentro de sua empresa, de modo que ela pudesse se converter, como é hoje, em uma organização exemplar.

O ensinamento dos sábios é importante: se não criamos um ambiente no qual a verdade seja respeitada, não teremos um ambiente de trabalho no qual as pessoas sejam respeitadas. Esta é a única forma de tratar nossos companheiros de trabalho, empregados, colaboradores, fornecedores e clientes.

## A verdade

Estamos cada vez mais preocupados em conseguir maior eficácia em nossos negócios porque sabemos quanto ela é importante para manter a competitividade.

A verdade é o fundamento da confiança, e a confiança é a qualidade mais importante nas relações comerciais: não há nada mais importante que a confiança.

Mas a confiança também é indispensável para que as relações interpessoais na empresa sejam efetivas e plenas.

Quando no ambiente da empresa não se tem acesso à verdade, a especulação, as fofocas e os boatos preenchem o vazio deixado por ela, e começam a fluir o desperdício e a ineficiência, com toda a perda de trabalho e energia que isso provoca. Sem conhecer os fatos que têm importância para o seu trabalho, as pessoas se sentem perdidas e desmotivadas; nesse desconhecimento, aferram-se à primeira idéia que lhes pareça relevante, nascendo assim os falatórios e a especulação, que se espalham como uma mancha de azeite. Os seres humanos não podem viver sem a verdade, pois, se não contarem com o autêntico, irão se conformar com a imitação.

Tanto na empresa, nos negócios, como em qualquer outra situação da vida, as relações regem o mundo. A relação baseada na verdade tem por alicerce a rocha; aquela que é baseada na mentira, a areia. Assim, para chegar a uma posição melhor, a empresa precisa construir relações sólidas com seus clientes, relações baseadas na confiança, na capacidade de resposta e na qualidade.

No entanto, não devemos cair na tentação que com freqüência se nos apresenta, a nós, empresários e executivos de empresas: a de só compartilhar com nossos empregados o que acreditamos que eles devem saber para realizar seu trabalho. Não devemos incorrer nesse erro, já que o binômio "confiança-competência" seria afetado. De fato, um conhecimento mínimo está quase sempre relacionado com uma competência mínima. Se queremos que nossos empregados e executivos façam um trabalho excelente, não podemos limitar o conhecimento deles. Como disse Francis Bacon: "O homem é apenas aquilo que conhece".

Vamos fazer uma pequena divagação. Sem dúvida, o conhecimento dá poder ou é o poder. Mas, se temos poder para o bem, também temos poder para o mal, e na maioria das vezes a utilização desse poder depende de quem o detém. Com um exemplo simples, vou tentar esclarecer este ponto: a energia nuclear tem um enorme poder para o bem – na medicina, na energia, na ciência –, mas seu poder para o mal é muito mais óbvio: as armas nucleares. E outro mais espiritual: se a religião organizada propiciou um grande bem à humanidade, também teve um grande poder para o mal em nosso mundo. E o que dizer das organizações humanas, como os governos e o mundo das grandes empresas?

Portanto, a verdade tem um grande poder para o bem, mas é importante saber que o poder também pode ser utilizado para o mal. Quando se faz mau uso da verdade, empregando-a para criar falsidade, mal e desunião, os resultados são terríveis. Por ser tão poderosa, a verdade pode fazer muito bem, mas também pode fazer muito mal.

## A excelência

A idéia de excelência é crucial não só para o mundo dos negócios e da empresa, mas também para o esporte, a universidade e a própria vida, pois, conforme os contornos que adotar, determinará o modo que temos de abordar o trabalho e interagir com nossos colegas. Dependendo de como for compreendida, esta idéia pode dominar nosso pensamento e dirigir todos os esforços para uma direção ou outra. Tem relação direta com as questões da satisfação pessoal e o espírito corporativo das empresas.

Etimologicamente, a palavra "excelência" provém do latim "*excellentia*" e significa "qualidade ou bondade superior que constitui e torna digna de singular apreço e estima uma determinada coisa".

Para a questão que nos ocupa, ou seja, a empresa, a excelência tem que ser orientada para a adoção de horizontes, meios, procedimentos e técnicas profissionais que permitam atingir uma "maior qualidade" e um nível de "perfeição empresarial".

A excelência, como a expressamos, surgiu na indústria japonesa em meados do século XX, e as bases fundamentais de seu sucesso foram a condição de "identidade cultural" e a sólida formação socioespiritual do trabalhador. "Qualidade humana" e "qualidade de produto" se fundiram em todos os processos produtivos em direção à meta cliente-mercado, projetando para o consumidor esse estado de excelência de produtos ou serviços.

Analisando as principais características de empresas excelentes e inovadoras, que conseguem uma mudança fundamental em seu funcionamento, acredito que deveríamos insistir nos seguintes aspectos: abordar o cliente oferecendo-lhe qualidade, serviço e confiança; desenvolver o espírito empresarial e a imagem corporativa; alcançar cotas de produtividade com o pessoal com que se conta; desenvolver inovações a partir do conhecimento real daquilo que se produz e se oferece ao cliente, com consciência da extrema importância que isso tem; buscar uma estruturação organizacional eficaz e produtiva, apta a resolver problemas e assumir riscos; e, por último, buscar se adequar rapidamente a mudanças e inovações, desenvolvendo alternativas que dêem ao cliente maior qualidade e promovam a confiabilidade da empresa.

Mas não vamos esquecer que para levar a cabo essa ação de excelência empresarial é necessário que tanto o responsável, o líder, como seus colaboradores, estejam comprometidos em sua obtenção. Pode-se falar muito da excelência empresarial, mas, sem o líder e seus colaboradores, ela não ocorrerá.

Considero que, entre as bases sugeridas, o compromisso pessoal deve estar unido ao compromisso empresarial. O resultado que se procura é o ideal da qualidade, do pessoal, dos processos, do produto, e de um mercado também de qualidade.

Mas, já que falamos de excelência, convém mencionar o trabalho que os norte-americanos Thomas J. Peters e Robert H. Waterman deixaram registrado em seu livro *In Search of Excellence*, que reúne as experiências das empresas mais bem-gerenciadas dos Estados Unidos, baseadas na adoção do Modelo McKinsey das sete chaves da organização da função: ou seja, a estrutura, os sistemas, o estilo, o pessoal, as habilidades, a estratégia inter-relacionada e os valores compartilhados.

## A mentira

Nos negócios, queremos bons resultados, e, para alcançá-los, às vezes somos capazes de fazer qualquer coisa, mesmo que isso implique manipular pessoas. E, como é natural, a maneira mais básica de manipular pessoas é manipular a verdade, enganar e mentir.

Vamos divagar um pouco. Já dizia o sacerdote e filósofo espanhol Jaime Balme que, "com freqüência, o homem se engana primeiro, antes de enganar os outros".

Por que mentimos? Levados pela insegurança e pela desconfiança em nossa capacidade de sermos aceitos como somos, podemos cair na tentação de enfeitar nossa história e nossas habilidades de maneira a causar uma impressão favorável nas demais pessoas. Um ladrão pode alardear mais roubos do que os que realmente cometeu para se gabar diante dos companheiros de prisão, ou alguém pode exagerar o número de proezas sexuais quando está num grupo de homens que querem ostentar virilidade, ou uma mãe pode mentir dizendo que o filho tem notas melhores do que as que de fato tem, ou que passou de ano quando não é verdade, só para parecer uma mãe bem-sucedida com um filho bem-educado.

Um empresário e líder empresarial decidiu concorrer à reeleição para a presidência de sua organização, alegando contar com a unanimidade de sua equipe. Só que um membro dessa mesma equipe resolveu disputar o cargo, e ganhou. Isso não teria tido maior importância se o tal empresário não tivesse lançado mão de uma mentira como instrumento "eleitoral". O resultado representou, nas suas próprias palavras, não só uma derrota humilhante, mas o descrédito pessoal.

Isso me lembra a opinião de um estadista, coisa da qual temos um grande déficit hoje. Dizia Abraham Lincoln: "Você pode enganar todo mundo durante algum tempo; pode enganar alguém o tempo todo; mas não pode enganar todo mundo o tempo todo" – brilhante pensamento que não devemos esquecer.

Enquanto a pessoa sincera não precisa ficar vigiando a versão que dá dos episódios que viveu, porque os transcreve ditados pela memória, o mentiroso precisa controlar a versão de sua história, para tentar ser coerente com o que já contou a outros, diante dos quais procurou se exibir.

Quanto mais caímos na tentação de mentir, mais difícil fica controlar o abundante banco de dados das versões já dadas e impossível fica comentar, repetir ou desenrolar com coerência esse novelo, de modo que os detalhes começam a se desencontrar, e de repente um personagem célebre é namorado de uma prima, mas antes era namorado da irmã, ou aqueles dois anos de mestrado no exterior na verdade foram passados numa cidade do interior, ou somos muitos amigos de alguém que sequer nos conhece etc.

Não devemos esquecer que o hábito de mentir pode se tornar um transtorno de personalidade, levando-nos a imaginar uma vida e uma história baseadas exclusivamente no intuito de causar admiração naqueles que poderíamos chamar de nossos espectadores.

Esse afã de impressionar se baseia na imperiosa necessidade de sermos vistos como valiosos e geniais. Utilizamos meios escusos porque duvidamos poder conseguir isso por meios normais.

O mentiroso não se conforma em ser uma pessoa qualquer – talvez isso o fizesse se sentir deslocado demais. Ao contrário, quer sempre ser uma personalidade de primeira grandeza, daquelas que os outros admiram e invejam.

Além disso, mentindo a respeito do que fazemos, conseguimos algo que nos dá um pequeno prazer, uma migalha daquilo que gostaríamos de ter conseguido.

O que o mentiroso deve levar em conta é seu misterioso desânimo, a progressiva prostração que o ato de simular produz nele. Seu afã de agradar tem o efeito contrário: as outras pessoas se decepcionam, sentem-se desprezadas e desgostosas, o que gera nelas uma profunda desconfiança, muito difícil de superar (pense, por exemplo, como é difícil numa relação a dois uma das pessoas esquecer que foi enganada ou que seu parceiro mente sistematicamente).

A cura do mentiroso é substituir a mentira pela busca da excelência. Ao reconhecer sua necessidade de brilho e atenção, o mentiroso deve dedicar-se firmemente a melhorar seus méritos verdadeiros (profissionais, de cultura, relações institucionais etc.) com suficiente persistência (se caiu na mentira, é porque é impaciente) e segurança (garantindo com provas evidentes as suposições).

Jogar limpo, ser natural, é o melhor caminho para ser aceito pelos demais. Primeiro, é preciso que nos aceitem mesmo que sejamos humildes e medíocres. Uma vez conseguida esta aceitação básica, então pode-se tentar alcançar o mérito, que já não será um mérito agressivo (daqueles que, mesmo que a pessoa tenha muito valor, isso não importa porque a achamos antipática), mas um afã de nos aplicarmos mais, de procurar maior qualidade, de jogar mais forte, uma ativa entrega para participar, colaborar, sugerir e animar a vida familiar, as equipes de trabalho, os grupos de amigos ou a excelência profissional.

E devemos aprender com as palavras de Nietzche: "O que me aniquila não é que você tenha mentido para mim, mas que a partir de agora não possa mais acreditar em você".

Mas voltemos à realidade, a colocar os pés no chão. No âmbito da empresa, expressões como "mandamos na semana passada", "decida-se logo, pois temos uma oferta melhor", "nunca vi este relatório" ou "está em reunião e não pode atender" costumam ser mentiras piedosas, exageros ridículos, enganos perigosos ou falsas táticas que cada vez menos dão resultados positivos.

Por princípio, quase todos nós condenamos a mentira, mas ainda são muitos os que acreditam que podem se beneficiar dela conforme a ocasião. Aristóteles dizia que o problema não é mentir, mas saber quando e a quem mentir, e até que ponto é necessário fazê-lo para alcançar os objetivos desejados. No entanto, mentir é uma das atividades mais perigosas, corrosivas e sutilmente desestabilizadoras da vida humana.

Quando nos afastamos da verdade, começamos a criar hábitos parecidos com os que nos proporcionam os espelhos dos parques de diversões: imagens deformadas. Começamos então a perder a noção da verdade e da sua importância.

No mundo empresarial, quando empregados e executivos vêem seus superiores mentindo por conveniência para pessoas de fora da empresa, percebem, de modo consciente ou inconsciente, que talvez eles também sejam vítimas da manipulação da verdade produzida dentro da empresa. Aristóteles diria que não só a ação engendra o hábito, como também que pode ser muito difícil controlar ou superar o hábito.

Quando a falsidade aparece nas táticas de qualquer organização, plantam-se as sementes da desconfiança destrutiva dentro do grupo. E, se a confiança se vê ameaçada, acaba sendo difícil atingir a excelência, tanto individual quanto do grupo.

Seja qual for nossa visão da vida, será muito difícil fugir da conclusão de que, para os seres humanos, no nível mais profundo possível, a verdade é extraordinariamente importante e não pode ser tratada com leviandade.

Nada destrói o espírito corporativo com maior rapidez do que a mentira e a fraude. É por isso que praticamente ninguém vai adiante com mentiras. Mesmo que não seja descoberto, o mentiroso terá feito mal a si mesmo. Acabará pensando que os outros mentem como ele, e é por isso que os mentirosos têm tanta dificuldade de confiar nos outros.

## A confiança

A confiança é a convicção de nossas próprias capacidades e qualidades. Ela se instala em nós à medida que constatamos nossa aptidão nas tarefas que realizamos e dominamos a habilidade de manter relações de qualidade com os outros. É, portanto, um sentimento que se cria no nosso interior e cujo desenvolvimento é de nossa responsabilidade.

Devido à grande importância de que seja verdadeira, a confiança não deve ser cega, e sim apoiar-se no conhecimento pessoal, um conhecimento totalmente honesto das próprias possibilidades e limitações, de modo que, ao realizar qualquer tarefa ou iniciar relações interpessoais, a pessoa saiba manejar as expectativas para conseguir sucesso em vez de acumular fracassos. Se não vem sendo honesta e falha, a pessoa tende a se desvalorizar, a se sentir menos importantes que os demais e a pensar que suas opiniões não são tão importantes ou interessantes como as dos outros.

A falta de confiança nos leva a assumir os riscos e dificuldades do cotidiano de modo imprudente, ou a não assumi-los, e com isso vamos deixando de aprender, de experimentar e, em resumo, de viver o dia-a-dia.

A única maneira prudente e profunda de dirigir uma organização em busca da confiança é insistir que seus integrantes digam a verdade aos fornecedores, aos clientes e ao governo. A confiança tornou-se um dos principais valores de qualquer organização que defenda sua própria saúde.

Há dirigentes que, por falta de autoconfiança, precisam de um constante reconhecimento por parte dos outros, ficam obcecados pelas aparências e pela necessidade de parecerem quase perfeitos.

Entretanto, um empresário manifesta alta qualidade diretiva e confiança em si quando não se sente sujeito às regras e aos procedimentos burocráticos usuais. Esta aptidão lhe confere liberdade moral para denunciar determinados procedimentos e injustiças que outras pessoas mal se atrevem a sugerir.

Uma demonstração de autoconfiança é aceitar uma reaprendizagem construtiva, crítica e sincera, especialmente de aspectos que devemos melhorar.

Para introduzir confiança no âmbito da empresa é preciso criar um compromisso nos seus dirigentes, para que se sintam membros de uma família profissional. Mas, mais do que com a empresa, é preciso se comprometer a ter lealdade com os companheiros de trabalho, com a equipe, com os projetos, com os clientes e consigo mesmo.

Assim, para alcançar a confiança é necessário respeitar a verdade, nutri-la e fomentá-la, e isso é trabalho de todos, e não apenas dos altos executivos da empresa, embora sejam sempre eles que devem indicar o caminho e dar o exemplo. Sem a verdade, não é possível construir uma base sólida para a excelência humana e empresarial.

Vamos lembrar o filósofo alemão Robert Spaemann: "A confiança é imprescindível para o sucesso de uma empresa". Mas a confiança é um valor imprescindível não só no âmbito econômico, mas também para o bom andamento de todas as estruturas sociais. Seu fundamento reside na capacidade de criarmos um certo espaço de autodeterminação dentro do conjunto de condições que nos são dadas.

Se a confiança é imprescindível para o sucesso e o bom funcionamento da empresa, também o é para a sua direção, já que as relações comerciais e empresariais se baseiam em contratos que exigem confiança para seu cumprimento.

A confiança se refere, *stricto sensu*, sempre a uma relação entre pessoas, embora no sentido metafórico possamos aplicar o conceito a sistemas e instituições. A confiança na instituição contém sempre implicitamente a confiança na competência e na integridade das pessoas que dela fazem parte.

A confiança traz inúmeras vantagens para o sistema empresarial. Vejamos algumas delas:

- É um serviço prévio. Num mundo cada vez mais globalizado, é difícil haver um trato pessoal, que é a base tradicional da confiança. Mesmo assim, quem não oferece esse serviço prévio priva-se da possibilidade de uma relação flexível com os outros. Se existe desconfiança sistemática, as perdas por atrito nas reestruturações empresariais serão consideráveis.

- A confiança permite à empresa poupar tempo e dinheiro. Confiança significa velocidade; ao contrário, desconfiança é perda de tempo e acarreta grandes custos.

- A confiança favorece a transferência do saber. Quem teme que os outros abusem de seu saber irá guardá-lo para si. A ciência, assim como a empresa, vive do espírito de cooperação, no qual a confiança é o princípio-chave. A confiança cria vínculos entre os colaboradores e fomenta a motivação. A substituição da confiança pelo controle desmotiva.

- A confiança leva a direção empresarial ao sucesso. "Dirigir" significa alcançar objetivos com a ajuda e cooperação de outras pessoas, e para isso a confiança é imprescindível. "É preciso vender confiança e credibilidade", ouvi isso de Manuel Pizarro, presidente da Endesa. Concordo, mas também é imprescindível ganhar a confiança dos clientes e respeitá-los. Além disso, a confiança gera segurança na ação.

## A concorrência

Vamos começar com um pouco de teoria. Há tempos tenho a impressão de que o papel da concorrência na vida econômica e social vem sendo mal interpretado. Até o século XVIII, as transações entre pessoas e empresas foram encaradas geralmente como um processo de soma zero: o que uma pessoa ganha é o que outra perde. O notável ensaísta francês do século XVI, Michel de Montaigne, escreveu um ensaio curto no qual dizia que "Nenhum ganho se efetua sem a perda de outra pessoa". Isto é, as transações eram vistas como exploração, e os governos deviam então regular, ou até monopolizar, a maior parte das atividades. Esse é o cerne do sistema mercantilista.

Um aparte. O escritor francês Montaigne introduziu pela primeira vez o ensaio como forma literária. Seus ensaios, que abrangeram um amplo leque de assuntos, caracterizam-se por um estilo fluente, coloquial, e por numerosas citações de autores clássicos. De seu rico repertório de citações, uma delas é proverbial: "Ninguém está livre de dizer coisas estúpidas, o ruim é dizê-las com ênfase".

Prossigamos. Na Europa, a partir do século XVIII, alguns pioneiros reconheceram o erro desse sistema e da conseqüente análise da soma zero aplicada às transações. Viram claramente que as transações produziam benefício às partes envolvidas e que a regulação das transações por meio da disciplina imposta pela concorrência revelava-se sem dúvida muito melhor que a promovida pela intervenção governamental.

Adam Smith cunhou a expressão "mão invisível" para indicar que, ao mesmo tempo em que os indivíduos e as empresas estão voltados exclusivamente para seu próprio interesse, também são incentivados pela concorrência – como se fosse uma "mão invisível" – a promover o interesse do público.

De fato é assim. Na análise tradicional que os economistas fazem dos mercados onde os produtos são comprados e vendidos, a concorrência empurra os preços para baixo, ao nível dos custos de produção, incluindo os ganhos normais. Isso porque, se os preços excedem os custos, os ganhos anormais produzidos como resultado da venda de unidades adicionais estimularão os concorrentes a baixar seus preços para atrair clientes. Desse modo, a pressão da concorrência sobre os preços continua até que eles fiquem equivalentes aos seus respectivos custos. Esta tendência entre preços e custos explica por que os economistas concluem que a concorrência é eficiente.

Considero que essa análise moderna da concorrência tem sido excessivamente estreita. Ela fica circunscrita e limitada aos mercados em que aparecem preços monetários nas vendas de bens e onde as corporações procuram utilidades.

Mas as vantagens da concorrência não se manifestam apenas nesses mercados, embora eles sejam muito importantes para o bem-estar material. A concorrência também gera benefícios em áreas como a educação, a religião, a oferta de dinheiro, a cultura e os governos. Na realidade, a concorrência revela-se essencial em todos os aspectos da vida, independentemente das motivações e da organização dos produtores, quer se trate de transações nas quais está envolvida a moeda, quer naquelas em que não apareçam cotações em termos monetários.

Todas as áreas importantes da atividade humana se baseiam no papel fundamental da concorrência no sentido de promover os interesses da grande maioria dos participantes. Isso se mostra especialmente relevante no mundo moderno, pois as diferentes liberdades se tornaram cada vez mais interdependentes. A eliminação de alguns tipos de concorrência e de algumas liberdades tende rapidamente a enfraquecer a concorrência e as liberdades em outras áreas.

Portanto, a ênfase na "mão invisível" da concorrência não é simplesmente um assunto de economistas em suas torres de marfim, sem noção do mundo real. A concorrência é, sem dúvida, o sangue vital de qualquer sistema econômico dinâmico. Mais ainda, a concorrência é o fundamento da qualidade de vida e está vinculada aos aspectos mais importantes da existência humana do ponto de vista educacional, civil, religioso e cultural, além do econômico. Essa é a herança intelectual dos debates que se produziram nos últimos séculos a fim de explicar as conseqüências benéficas da concorrência, a maior descoberta deste milênio.

A título de conclusão, afirmo que devemos procurar a verdade na vida pessoal e profissional para evitar decisões equivocadas.

"O sucesso raramente chega para as pessoas que têm uma visão defeituosa da realidade", nos diz Tom Morris, porque essa visão defeituosa leva a decisões equivocadas. A verdade fortalece a confiança ao permitir que se cumpra o que se promete. A confiança é o grande capital social de uma organização, capital social que se perde quando aparecem as mentiras e que se fortalece quando as pessoas dizem a verdade, e só a verdade.

# II
# A FILOSOFIA E SEU DEVIR
## Nasce a filosofia

Vamos nos instruir um pouco e ver o que é filosofia e qual será seu devir com o passar dos tempos.

Francis Bacon costumava afirmar: "A história torna os homens sábios; a poesia, engenhosos; as matemáticas, sutis; a filosofia, profundos; a moral, graves; a lógica e a retórica, hábeis para a luta".

A origem da filosofia sempre foi uma questão controvertida ao longo da história do pensamento. Se entendemos a filosofia em sua acepção etimológica de "amor ao saber", então é provável que todos nós, seres humanos, sejamos filósofos, já que todos nos propomos grandes questões a respeito da vida. No entanto, entendida como um conjunto de pensamentos mais ou menos abstratos, a filosofia pode ter tido origem em várias regiões e culturas diferentes. Assim, na antiga China destacaram-se Confúcio, Lao-Tsé e Mêncio; e na Índia, Buda e Mahavira. Mas, se consideramos a astrologia babilônica como uma escola filosófica, esta é ainda anterior.

Em sentido estrito, acredita-se que o início da filosofia se situa nas colônias da Jônia, na Grécia, por volta do século VII a.C. Assim, o famoso filósofo alemão Eduard Zeller considerava a filosofia uma criação espontânea e peculiar do gênio grego: "Com exceção das forças cegas da natureza, não há nada que se mova em nosso mundo que não seja grego em sua origem".

E o primeiro filósofo foi o jônio Tales de Mileto, um dos sete sábios da Grécia.

Os primeiros filósofos, os pré-socráticos, esforçam-se para descobrir o caráter ordenado, legal e racional do mundo, e, com referência ao homem, consideram a filosofia um instrumento que tem de lhe servir tanto para o conhecimento como para a vida prática (moral e política): isto é, a razão.

Depois vieram os clássicos, filósofos do chamado "século de Péricles", época em que a filosofia atinge seu apogeu no mundo grego com Sócrates, Platão e Aristóteles; os helenísticos, também chamados de alexandrinos ou pós-aristotélicos; a filosofia romana; a medieval; a não-cristã, com Averróis e Maimônides, de Córdoba; a escolástica, com São Tomás de Aquino; a renascentista, com Erasmo e Thomas Morus; e a filosofia moderna, contemporânea e pós-moderna.

Vejamos agora o devir da filosofia através dos tempos. Traçaremos um percurso bastante linear, apoiando-nos nos personagens mais representativos de cada período, cujos pensamentos serão apresentados de uma maneira breve e analítica.

Trata-se de colocar o leitor em contato com o pensamento filosófico de cada época. Embora o esquematismo seja uma forma simplista de apresentar a história, as páginas que seguem são esquemáticas apenas na forma, já que poderiam servir de ponto de partida para um aprofundamento, por parte daqueles que se aproximam pela primeira vez da filosofia, nos princípios filosóficos dos autores escolhidos.

## Os pré-socráticos

Os primeiros filósofos – e nisso concorda a maioria dos próprios filósofos e historiadores – são os pré-socráticos. Mas, contrariamente ao que o termo dá a entender, os pré-socráticos não são somente os arautos e precursores do pensamento de Sócrates – e por extensão de Platão e Aristóteles –, mas aqueles que inauguraram verdadeiramente uma nova forma de pensar que rompe com as tradições orais da Grécia arcaica. Com os pré-socráticos, a sabedoria humana passa do solilóquio ao diálogo.

Por outro lado, o pensamento se libera da tutela dos teólogos, passa a ver o mundo de diferentes maneiras e refuta teorias. Longe de levar ao ceticismo, a diversidade de testemunhos propicia o progresso do pensamento. A verdade já não se oferece na revelação, mas é conquistada pela confrontação de argumentos e idéias.

## Tales de Mileto

Nascido em meados do século VII a.C. de pais fenícios, viajou pelo Egito e Oriente Médio, onde aprendeu com os sacerdotes egípcios e caldeus tudo o que na época se sabia.

Tales era um cara esperto. Sua mãe, Cleobulina, como boa mãe, quis que ele se casasse logo, como faziam todos os jovens da época. Mas Tales era diferente dos demais, e, diante da insistência da mãe, dizia: "Ainda não é chegada a hora". De repente, mudou o discurso e começou a dizer: "A hora já passou".

Como vemos, Tales era um filósofo, embora naquela época o termo ainda não tivesse sido inventado. Foi preciso esperar até Pitágoras para que o termo "filósofo" adquirisse seu significado, e até Platão para que o prestígio da profissão de filósofo fosse reconhecido.

Mas Tales ocupa um lugar importante na história da filosofia, não tanto pelas respostas que deu a algumas questões quanto pelas perguntas que formulou. Olhar em volta, esforçar-se para refletir, não atribuir aos deuses a solução dos mistérios – esse foi o primeiro passo do pensamento ocidental.

## Pitágoras de Samos

Pitágoras, filho do joalheiro Mnesarcos, nasceu em 570 a.C. na ilha de Samos, a pouca distância de Mileto. Estudou coisas variadas no Egito, aprendeu astronomia com os caldeus, logística e geometria com os fenícios e ritos místicos com os magos.

Certo dia, um tal Leonte, tirano de Fliunte, perguntou a Pitágoras: "Quem és?", e ele respondeu: "Sou um filósofo". E foi assim que se pronunciou pela primeira vez essa palavra que, como já vimos, quer dizer "amante da sabedoria".

Em sua escola de pensamento, os pitagóricos formavam uma espécie de irmandade filosófico-mística e moravam em comunidades. Tinham normas muito rígidas e crenças acessíveis somente aos iniciados.

Existem dois conceitos-chave no pitagorismo: o cosmo e os números. Ambos são indissociáveis, pois não poderíamos falar de *kosmos*, isto é, de ordem e harmonia na natureza, sem uma *arké* que produzisse essa ordem ou harmonia.

Foram os pitagóricos que pensaram que a origem da ordem cósmica estava nos números, e que tudo podia ser reduzido a números.

Os pitagóricos distinguiam dois tipos de vida: a das pessoas comuns, que não se preocupam com outra coisa a não ser os interesses corporais, e a vida teorética, própria dos filósofos, que se consagram à purificação da alma.

Para os pitagóricos, o ser humano é composto de corpo e alma. A alma é a parte nobre e santa, enquanto o corpo se apresenta como um obstáculo para alcançar a felicidade.

Eles acreditavam que a alma pululava no ar e entrava no corpo pela respiração. Uma vez no corpo, precisava ser purificada (*catarsis*), isto é, devia desprender-se do corpóreo e sensível. Mas a liberação definitiva do corpo viria com a morte, quando a alma entraria em outro corpo. As reencarnações (metempsicoses ou transmigrações) serão tantas quantas forem as vidas necessárias ao espírito para tornar-se totalmente livre e perfeito, e poder reintegrar-se ao seu estado primitivo.

Devem-se a Pitágoras e à sua escola o caráter essencialmente dedutivo da geometria e o encadeamento lógico de suas proposições, qualidades que se mantêm até nossos dias. E ele ainda formulou seu teorema.

Mas Pitágoras não só descobriu o famoso teorema que leva seu nome; graças a ele, também ficaram conhecidas a musicoterapia, a afinação dos intervalos musicais e as proporções mágicas existentes entre astros e sons. Daí vem a hipótese da "música celestial", a doutrina pitagórica que maior sucesso conseguiu na posteridade.

## Heráclito

Heráclito nasceu em Éfeso, colônia jônia da Ásia Menor, por volta do ano 540 a.C. e foi apelidado por seus contemporâneos de "o Obscuro".

Dele não sabemos quase nada, a não ser que gostava de insultar seu auditório e se expressava por meio de enigmas a fim de só ser compreendido pelos espíritos mais penetrantes.

Heráclito é o filósofo do devir, ou seja, da mudança perpétua de todas as coisas. Para ele nada é estável, tudo muda a todo momento, tudo flui; até as montanhas, símbolos do perene, transformam-se imperceptivelmente sob a ação ininterrupta da erosão. "Nunca nos banhamos duas vezes no mesmo rio", dizia. O mais notável é que, nesse movimento, cada coisa se torna outra e continua sendo, no entanto, a mesma.

Heráclito também é o pensador da contradição. Para ele, a harmonia do mundo é resultado da tensão instável dos contrários. A vida não é concebível sem a morte, que por sua vez pressupõe a vida. Vida e morte são de tal modo necessárias uma à outra que na realidade as duas formam uma unidade, como duas faces de uma mesma moeda.

Essas reflexões sobre o devir exercerão profunda influência em toda a história da filosofia: Hegel encontrará na harmonia dos contrários as premissas da dialética, e Nietzsche irá saudar o pré-socrático Heráclito como um de seus "antepassados".

## Zenão de Eléia

Zenão, filho de Teleutágoras, nasceu em Eléia, colônia da Fócia, na Magna Grécia, às margens do mar Tirreno, por volta de 490 a.C.

Zenão sustentava que o universo inteiro é uma unidade. Isto é, tentou provar que o ser deve ser concebido com algo homogêneo, único, e conseqüentemente não pode existir espaço formado por elementos descontínuos.

Inventou a demonstração chamada *ad absurdum* (ao absurdo), que toma como hipótese as afirmações do adversário e por meio de hábeis deduções conduz o oponente a aceitar a tese contraditória.

São famosos seus quatro paradoxos, idealizados para apoiar a doutrina imobilista de seu mestre Parmênides. Em conjunto, pareciam negar a possibilidade do movimento tal como concebido pelos sentidos, propondo uma série de argumentos para demonstrar a inconsistência dos conceitos de divisibilidade e multiplicidade. São os paradoxos de Aquiles e da tartaruga, do lançamento de uma pedra contra uma árvore, o da flecha e o do estádio.

Todos pertencem à categoria dos falsos paradoxos, isto é, que chegam a um resultado que não só aparenta ser falso, como o é de fato. Isso se deve a uma falácia do raciocínio, produzida pela falta de conhecimentos a respeito do conceito de infinito na época em que os falsos paradoxos foram formulados.

Como podemos imaginar, muitos não suportavam esses filósofos chamados "imobilistas" por questões óbvias. Um filósofo chamado Antístenes, não conseguindo rebater Zenão em seu paradoxo da flecha, começou a andar de um lado para outro da sala, até que fez seu colega exclamar: "Será que você pode ficar quieto um pouco?", ao que respondeu Antístenes: "Então você admite que eu me movo?" Eram engenhosos esses filósofos antigos.

## Anaxágoras de Clazomene

Anaxágoras, filho de Egesíbulo, nasceu em Clazomene, pequena cidade jônia próxima a Esmirna, por volta do ano 500 a.C.

Homem íntegro e elevado, logo seus contemporâneos o chamaram de "o Noûs", a mente. Como sabemos, gostamos de identificar um personagem com sua qualidade predominante.

Assim, chamamos Frank Sinatra de "a Voz" e Ursula Andrews de "o Corpo"; de qualquer modo, são qualificações muito acertadas.

Anaxágoras passava o tempo olhando o céu e meditando, o que o levava a abandonar seus próprios interesses. A família, desesperada, lhe dizia: "Homem, ocupa-te de teus afazeres", ao que ele retrucava: "E por que não vos ocupais vós?" E para que não o incomodassem mais com esse assunto, decidiu dar tudo aos parentes. Coisas de filósofos.

Sua principal preocupação era tentar descobrir as propriedades da matéria, a razão de sua existência, por que os corpos se mantinham unidos e a matéria orgânica crescia e mudava de natureza.

Eis um dos problemas que preocupavam Anaxágoras:

> "Temos diante dos olhos um pedaço de pão. Parece pão e nada mais. Se o comemos, ele se transforma em pele, carne, sangue, ossos, cabelos etc. Será que a matéria se transformou em outra coisa? Isto não é possível. Temos, pois, que supor que no pão existe um sem-número de matérias das quais se compõe o corpo humano. Seu pequeníssimo tamanho nos impede de distingui-las, e só as reconhecemos por seus efeitos. Muito bem: quem mobiliza essas partículas e faz com que se organizem de uma maneira ou de outra?"

Na realidade, Anaxágoras antecipa em um século Aristóteles em seu esforço para explicar as forças naturais e sua predileção pelas ciências físicas.

Foi amigo pessoal de Péricles, general, político e reformador ateniense, fazendo parte de seu círculo íntimo de amigos. Além da esposa de Péricles, Aspásia de Mileto, convivia com o músico Damon, o filósofo Zenão, o dramaturgo Sófocles, o historiador Heródoto, o escultor Fídias, o arquiteto Hipódamo, o embaixador Calias, o adivinho Lampon e os estrategistas Tólmides e Formião, entre outros. O que não daríamos para poder assistir a algumas dessas reuniões!

## Protágoras de Abdera

Protágoras, apelidado de "o Arrazoado", era filho de Artemon ou de Meandrio, e nasceu em Abdera, numa região grega da Trácia, no ano 486 a.C.

Foi o primeiro a receber o nome de sofista, e também o primeiro a ensinar as técnicas para defender as próprias idéias de forma convincente nos litígios e na política. Por isso, é considerado também o primeiro advogado de defesa.

Conta-se que um tal Evatlo, seu discípulo, escandalizado com as cem minas que o mestre lhe pediu ao final do curso, tentou não pagar, com a desculpa de que a soma combinada estava subordinada ao primeiro litígio que tivesse nos tribunais. Protágoras permaneceu imperturbável e disse:

> "Querido Evatlo, você não tem saída, já que vou citá-lo em seguida nos tribunais: se os magistrados não lhe derem razão, você terá de me pagar por ter perdido; e se, ao

contrário, lhe derem razão, você terá de me pagar por ter ganhado".

Garoto esperto.

A doutrina filosófica de Protágoras é o relativismo. O homem é a medida de todas as coisas, *homo mensura*; o conhecimento é pura relação subjetiva, redutível à sensação. Só sabemos dos objetos o que eles são em relação a nós, ou seja, sua aparência. O sofista declara essencial para as coisas o devir, e por isso mesmo a impossibilidade de conceber a verdade como algo absoluto e permanente. O pensamento de Protágoras renasceu na filosofia contemporânea.

# III
# ARTE É PODER
## (A BELEZA: dimensão estética)

"A beleza é a outra forma da verdade." Esta é uma bonita citação do dramaturgo espanhol Alejandro Casona.

Já mencionei a opinião de Aristóteles sobre as dimensões do ser humano. Ele dizia que a existência só era possível com a combinação adequada dessas dimensões, ou seja, a intelectual, a estética, a moral, a espiritual e a afetiva. Já falamos da primeira, a verdade intelectual, mas e a beleza estética?

A idéia de beleza é inata e indefinível, corresponde a uma necessidade espiritual. O belo é, portanto, uma conseqüência, aquilo que provoca em nós o prazer do sentimento.

Chegar a uma definição do belo é uma tarefa que pode exigir mais de uma vida, pois a estética e a beleza estão estruturadas em conceitos tão abstratos que não nos levam facilmente a uma resposta satisfatória. Em princípio, a primeira conclusão a que pude chegar é que não se é mais que um portador efêmero de um testemunho de sua contemporaneidade.

A beleza existe nos objetos ou em nós mesmos? "A realidade das coisas está nelas mesmas, mas sua aparência está em nós", responde habilmente o filósofo alemão Friedrich Schiller.

Se a beleza é objetiva, por que não é apreciada por todos os homens? De nada adianta que as coisas sejam belas se quem as vê não está dotado do sentimento necessário para apreciar essa propriedade que nos faz amá-las e nos infunde deleite espiritual. Também a luz é uma coisa real, e os cegos não a vêem porque lhes falta o sentido necessário.

Percebe-se a beleza pelos sentidos ou pela razão? Entre Descartes e os sensualistas há opiniões para todos os gostos. Critério razoável é o do arquiteto espanhol Vicente Lampérez:

> "A beleza necessita dos sentidos externos elevados (a vista e o ouvido) para penetrar na nossa alma; mas é compreendida pelo sentimento e pela razão".

A consciência, conduzida pela moral, estabelece em cada caso a lei de distinção. Platão e Santo Agostinho identificam os conceitos da beleza e da bondade. Depois deles, a maioria dos estetas nega essa identidade e admite apenas uma relação. "Quando encontramos prazer numa coisa, se ela tem utilidade dizemos que é boa; se não tem, que é bela", asseverava Montesquieu.

Não é possível conceber nada belo sem a verdade, mas a verdade é a conformidade das coisas com o conceito que a mente forma delas. *Veritas logica est adaequatio intellectus et rei*, nas palavras de Tomás de Aquino.

Voltando à realidade, quando contemplamos um pôr-do-sol ou a lua cheia numa noite clara de verão ou um campo coberto de flores silvestres, quem não experimenta uma enxurrada de sentimentos, de prazer, de inspiração, de amor e até de boa vontade e propósito de se emendar?

Quem não desfrutou a vista do mar de uma espreguiçadeira, do campo de um chalé, dos picos nevados sobre esquis ou do rio atrás de uma vara de pescar?

Quem não sentiu prazer diante de uma mesa perfeitamente arrumada para servir uma comida deliciosa, ou em saborear uma exótica bebida num copo delicado no bar perfeito, ou em fumar um aromático charuto (com licença da autoridade e só em recintos em que isso é permitido) depois de saborear uma magnífica comida entre amigos?

Dizia-me um importante empresário, desses que não devem seu triunfo a ninguém, que para ele o melhor descanso eram os fins de semana no campo. Para outros, o verdadeiro repouso é navegar contemplando o mar ou, para quem gosta, jogar golfe, tênis ou caçar.

Mas todos têm um ponto em comum: a contemplação da natureza, a beleza da colina, os picos rochosos das montanhas, a monotonia sempre diferente das ondas contra um horizonte infinito, o prado verde, a luz do sol filtrando-se pelos galhos das árvores ou qualquer outra coisa que o leitor possa imaginar.

Há empresas, dessas que pela sua importância costumam ser chamadas popularmente de "multinacionais", não importa se o são ou não, que premiam seus executivos com viagens a países e lugares exóticos ou os convocam para reuniões de trabalho nos melhores hotéis do mundo, estética e agradavelmente decorados.

Por que investir em viagens e passeios promocionais? Por que gastar em beleza?

Alguns sabem por quê, e outros também. A beleza libera. A beleza repõe, anima, revigora e inspira.

Alguns de modo intuitivo, outros de modo consciente, todos percebemos que a beleza desempenha um papel que não pode ser comparado com qualquer outro pelo impacto que produz no espírito humano, já que libera todas as nossas energias, faz aflorar nossos mais elevados afetos e nos submerge nas mais profundas reflexões.

Não é em vão, portanto, que, quando temos que dar atenção a um cliente ou fechar um negócio importante, escolhemos o melhor ambiente possível, um lugar que nos faça dar o melhor de nós; e, de passagem, fazer algo produtivo, já que "os momentos de ócio são o tempo adequado para fazer algo proveitoso", como costumava dizer Jonathan Swift.

Mas vamos divagar um pouco outra vez. Como dissemos, nada tem sido tão difícil de definir como a beleza, apesar de serem tantas e tão diversas as definições emitidas por filósofos e mestres da literatura. Platão a definiu como "o esplendor do verdadeiro", embora tal definição não tenha sido comprovada devidamente, e não falte quem a atribua a Plotino, autor das *Enéadas*; Aristóteles, em sua *Retórica*, entendeu por belo "o que, sendo bom, é suave porque é bom"; Santo Agostinho disse que "a unidade é a forma da beleza"; Santo Tomás afirmou que belo "é todo objeto que, visto ou contemplado, causa deleite"; Kleuntgen disse que a beleza "é a própria perfeição das coisas, enquanto deleita o ânimo"; e, por último, Milá y Fontanals qualificou a beleza como "harmonia vivente".

Como vemos, é impossível dar uma definição exata da beleza sem antes esclarecer o conceito de subjetividade ou objetividade da beleza (o leitor não precisa temer, pois, já que este não é o assunto desta obra, não irei "castigá-lo" divagando demais sobre isso, só um pouquinho). Kant não vacilou em encarar de frente a dificuldade, e dizia que a beleza consistia na perfeição dos objetos, independentemente de qualquer apreciação subjetiva, que é sempre inadequada e muito relativa; e o insigne Michelangelo, preocupado com tal dificuldade, no seu famoso quarteto que sintetiza o conflito entre a objetividade e a subjetividade da beleza, perguntava:

> "Dize-me, ó Deus, se meus olhos realmente
> a fiel verdade da beleza contemplam;
> ou se a beleza está na minha mente
> e meus olhos a vêem para onde quer que eu gire".

Precisamos então reconhecer que os objetos não são belos porque causam em nós certa complacência, mas que a causam porque são belos, independentemente da nossa consideração.

## A beleza no trabalho

"A beleza serve para entusiasmar no trabalho", escrevia o poeta polonês Cyprian Norwid.

A beleza é, em certo sentido, a expressão visível do bem, assim como o bem é a condição metafísica da beleza. Isso foi acertadamente compreendido pelos gregos, que, unindo os dois conceitos, cunharam a palavra que abrange ambos: *kalokagathia*, ou seja, "beleza-bondade". A esse respeito escreve Platão: "A potência do bem se refugiou na natureza do belo".

Mas, o que é o trabalho? O trabalho é tudo aquilo que, de alguma maneira, supõe um esforço destinado à consecução do necessário para viver.

Sabemos que o homem supera seu déficit biológico constitucional por meio da invenção e do uso de instrumentos. Esse modo peculiar de satisfazer as próprias necessidades mediante a técnica instrumental é que constitui o trabalho.

Não existe forma de evitá-lo, nem mesmo com a invenção da máquina, pois o homem sempre estará por trás dela, tanto para projetá-la e fabricá-la como para manejá-la e repará-la.

Tampouco seria desejável evitar o trabalho, caso fosse possível, já que qualquer trabalho consiste em introduzir e plasmar uma idéia no mundo físico, e é nessa medida que se manifestam a liberdade e a racionalidade humana.

O trabalho é também uma das melhores contribuições pessoais à família e à sociedade. Pode ser sentido e entendido como uma carga pesada, mas é muito mais humano concebê-lo como um grande serviço aos outros. Assim entendido, o trabalho manifesta e realça a dignidade da pessoa, além de desenvolver suas capacidades e favorecer a convivência.

Além de sua condição econômica, o trabalho é uma atividade essencial para que o ser humano se realize como tal e ocupe o lugar que merece na vida social. Por isso, não pode ser uma tarefa servil, nem precisa ter uma importância exclusivamente econômica, de puro meio de subsistência.

O trabalho é uma profissão, a tarefa socializadora por excelência.

Por meio do trabalho, o homem se converte num profissional, capacitado a realizar tarefas que requerem conhecimentos qualificados. É a profissão, e não o nascimento, nem a classe social, nem a associação, nem a raça, que coloca cada um em seu lugar e lhe oferece condições para seu aprimoramento.

O trabalho exige esforço e constância, inteligência prática, lealdade e solidariedade, virtudes que fazem da atividade de trabalho uma tarefa essencialmente ética. Se, em sua aplicação social, a ética é a arte de otimizar a convivência humana, em sua concretude trabalhista a ética é o melhor caminho para focalizar as relações de trabalho, especialmente as que se estabelecem entre ele e o capital.

As dimensões econômica e social do trabalho confluem na instituição econômica por excelência: a empresa.

A atividade empresarial procura o desempenho econômico por meio de um sistema de trabalho baseado na responsabilidade, na iniciativa e na eficácia. Quando se dão estes requisitos, a empresa se converte numa fonte de riqueza não só econômica, mas também social, pois enriquece humanamente as pessoas que a integram e o ambiente do qual elas fazem parte.

Por trás de cada empresa existe um "empresário", isto é, um sujeito promotor (individual, grupal ou institucional) com visão estratégica e capacidade de mobilizar capital e trabalho. O empresário promotor abre um campo de ação autônoma. É um inovador criativo que detecta necessidades e oportunidades, e, estando disposto a assumir os riscos correspondentes, toma a iniciativa de realizar uma determinada atividade produtiva ou "negócio".

Ele tem que empregar um conjunto de pessoas, atribuir-lhes responsabilidades e comprometê-las com seu projeto. Precisa desempenhar um papel de liderança. A iniciativa empresarial implica um risco e demanda um esforço. Como diz o dicionário, a empresa é uma "ação árdua e dificultosa que se inicia corajosamente". Etimologicamente, o termo "negócio" significa "negação do ócio", mas sem esquecer que "o prazer que acompanha o trabalho faz esquecer a fadiga", como costumava dizer Horácio.

Depois de tanto "trabalho", vamos voltar à beleza.

Seja a empresa grande, média ou pequena, cuidar da estética do lugar de trabalho pode fazer uma grande diferença. Cada vez mais, as empresas querem se destacar pela atenção que dão ao *design* de suas instalações.

Já vão longe os anos em que os escritórios eram grandes e pouco confortáveis, as mesas excessivamente largas ou estreitas, as cadeiras incômodas e a iluminação escassa ou ofuscante.

Hoje, podemos escolher produtos ergonômicos, que, embora sejam um pouco mais caros, melhoram a qualidade e o desempenho dos empregados. Sem dúvida, a amortização é certa.

Mas em que consiste a ergonomia? A ergonomia nasceu para estudar as características, necessidades, capacidades e habilidades dos seres humanos e analisar os aspectos que afetam o *design* de produtos ou os processos de produção que o indivíduo utiliza em seu local de trabalho. Desse modo, consegue-se que o ambiente de trabalho seja um lugar confortável e saudável, e que o desempenho no trabalho aumente.

Portanto, a ergonomia tenta adaptar os produtos, as tarefas, as ferramentas, os espaços e o ambiente em geral à capacidade e às necessidades das pessoas, de modo a melhorar a eficiência, a segurança e o bem-estar dos consumidores, usuários ou trabalhadores. Por isso, deve ter como epicentro as pessoas e considerar suas características, capacidades, necessidades e preferências.

Mas talvez o melhor seja considerar cada área de trabalho como uma parte do lar. Os usuários devem se sentir confortáveis e dotados dos recursos necessários para realizar seu trabalho. Cada área de trabalho deve ser projetada ergonômica e esteticamente.

Os escritórios têm movimento, as pessoas se mexem, e até a funcionalidade dos espaços varia. Se forem adequadamente planejados, esses movimentos podem ser realizados com pouco investimento adicional. Se mal planejados, podem esgotar o orçamento.

Mas tudo isso não é apenas uma questão estética, já que, quando o local de trabalho se adapta às necessidades do indivíduo e não o contrário, o rendimento é maior e os benefícios obtidos são consideráveis. A harmonia entre o trabalhador e seu local de trabalho faz com ele perceba seu ambiente como um lugar confortável.

Na vida empresarial, temos que lidar com pessoas. Se queremos lidar com pessoas completas, temos que tentar fazer todo o possível para proporcionar-lhes algo de que necessitam, em todas as esferas de sua experiência.

Existem muitas maneiras de fazer isso, desde embelezar o ambiente de trabalho até introduzir um espírito lúdico e festivo na interação cotidiana. Almoços informais, cafés prolongados, celebrações de diversos tipos, ajudam a liberar o espírito criativo das pessoas e sua vontade de desfrutar as coisas.

Paredes decoradas com belos quadros, flores nas mesas dos escritórios e qualquer inovação estética contribuem positivamente para a satisfação e a felicidade pessoal, e, portanto, para a excelência da relação de trabalho.

"A beleza das coisas, além disso, existe no espírito de quem as contempla", diria o filósofo escocês David Hume.

Em resumo, não há dúvida de que as pessoas são os motores do desenvolvimento das empresas e das organizações. É claro que os clientes são importantes, as finanças também, mas o local de trabalho não deve ser o "patinho feio" da empresa. O local de trabalho pode ser "o cisne" da organização. A beleza deve ser um atributo do local de trabalho. Se é nele que passamos uma parte importante de nossa vida, e se o ambiente físico afeta a moral e a produtividade das pessoas, um ambiente agradável – belo – de trabalho é essencial para o sucesso da empresa.

## A criatividade

Vamos começar com uma afirmação: "propor" é apresentar um possível cenário futuro, uma linha de ação ou um desenvolvimento de longo prazo. Ser propositivo requer conhecimento, ânimo, iniciativa e algumas características adicionais. Vamos falar, portanto, da criatividade como aquilo que move o empreendedor.

O que é a criatividade? Podemos defini-la de muitas formas. Poderíamos afirmar, por exemplo, que a criatividade é a aptidão para criar ou inventar; capacidade de criar, produzir uma coisa que não existia; engendrar, inventar, fundar, estabelecer e fazer nascer; ou ainda que é o processo de formular idéias e hipóteses, testando-as e comunicando os resultados.

Mas criatividade também é a produção de uma idéia, de um conceito, uma criação ou uma nova descoberta, original, útil, que satisfaz tanto seu criador quanto outras pessoas durante algum tempo. É também a habilidade para desenvolver e implementar novas e melhores soluções.

Todas essas definições conjugam diversas ações, como criar, produzir algo que não existia, formular idéias, passando por diversos campos do saber humano até o estabelecimento de condições morfológicas associadas ao desenvolvimento criativo.

Mas também se pode afirmar que a criatividade é um processo por meio do qual se integram os conhecimentos gerais, as experiências práticas, os dados isolados, a informação sobre algum problema, os "pressentimentos" e até as percepções extrasensoriais orientadas à geração de idéias e à tomada de decisões.

"A criatividade é a habilidade de ver relações onde nenhuma existe", como diria o controvertido escritor e poeta norte-americano Thomas Disch.

Visto isso, podemos afirmar que o processo criativo é um passo prévio na solução de problemas dentro das empresas e das organizações.

É um processo de maturação de idéias, que posteriormente poderão ser resolvidas sob duas vias, uma criativa e uma racionalizadora. As alternativas de solução dependerão da natureza do problema enfrentado por quem decide: a pessoa criativa.

Quanto à pessoa criativa, pode-se dizer que é um indivíduo meio louco, meio lúcido, analítico e com grande capacidade para resolver problemas a partir de uma visão que pareceria ilógica aos olhos dos que o rodeiam.

Do ponto de vista empresarial, devemos considerar a criatividade um pré-requisito para a sobrevivência das economias desenvolvidas, e que será ainda mais necessária com o passar do tempo.

O interresse pela criatividade cresceu sensivelmente na segunda metade do século XX com o psicólogo norte-americano Joy Paul Guilford, que associou a criatividade ao pensamento divergente como impulsionador do interesse. Mas, sem nos determos na história, vamos avançar no conceito. Ao tentar definir a criatividade como capacidade de gerar uma novidade valiosa, nos alinhamos com uma concepção sistêmica: não basta que nossa descoberta ou nossa idéia nos pareçam valiosas; elas também precisam ser bem recebidas pelos outros. Podemos falar em criatividade quando nossa contribuição é reconhecida e incorporada pelo sistema (a organização e seu ambiente). O fato é que, se na empresa os conceitos de criatividade e inovação estiverem vinculados, não será preciso deter-se em considerar se uma idéia é criativa ou não.

Por outro lado, na empresa a criatividade passa mais por especialistas do que por generalistas. A empresa necessita de ambas, mas criar num determinado campo exige muita atenção e concentração. Alguns dirigentes pensam que a criatividade é assunto deles, e não de seus colaboradores, e por isso não consideram boa nenhuma idéia que não seja deles. Mas, logicamente, também há dirigentes que estimulam, em vez de sufocar, a criatividade de seus colaboradores, e estão conscientes do papel que, como dirigentes, lhes cabe na inovação, sem descartar a própria geração de boas idéias.

Enfim, os benefícios da inovação (talvez fosse mais adequado falar dos prejuízos da complacência e do imobilismo) se manifestam quando se aposta nela com autenticidade, a partir de um projeto empresarial compartilhado por todos. Dessa reserva disponível de energia emocional e motivação intrínseca podem surgir idéias que agreguem um sensível valor à empresa. E elas surgirão se a direção estabelecer e mantiver as bases convenientes e desenvolver o potencial intelectual da organização, tanto na capacidade criativa quanto nas demais dimensões de competência.

Um empresário de sucesso declarou numa entrevista que "criatividade significa questionar o estabelecido e procurar novas e melhores formas de fazer as coisas em benefício da empresa". A declaração é útil para lembrar aos empregados que procuram repetidamente saber o porquê das coisas dentro da empresa: a princípio, eles são considerados críticos, e talvez "postos de observação", mas cedo ou tarde sua veia criativa será reconhecida.

Para o empresário, a criatividade não é só o processo de geração de idéias, mas também a gestão dessas idéias, para que se traduzam em inovações que contribuam com valor para a empresa. É importante destacar a relevância da criatividade no momento de enfrentar situações estratégicas, organizacionais, competitivas, problemáticas, etc., presentes e futuras, que fazem parte da vida empresarial.

Quando se fala em criatividade no contexto das empresas, normalmente se faz referência ao ambiente da organização, à necessidade de pessoas e equipes de trabalho serem mais imaginativas, acompanhar e gerenciar os acontecimentos, ações pontuais, solução de problemas e gestão do conhecimento. É necessário gerenciar a geração de idéias e o conhecimento que se obtém delas, a fim de que sejam úteis à própria empresa.

A criatividade precisa contar com um contexto empresarial onde possa se desenvolver. É preciso criar o ambiente propício para gerar idéias, oferecendo técnicas e ferramentas adequadas para levar a cabo esta tarefa dentro da equipe de trabalho e de cada posto, e orientando os resultados dessa atividade para a aplicação prática na empresa. A criatividade requer não só as ferramentas adequadas para o desenvolvimento, mas também estímulos que potencializem o afloramento do talento criativo.

A criatividade só sobrevive em organizações em que o clima estimule esse processo. Como, em geral, o clima de uma empresa é uma das áreas de desenvolvimento mais difíceis de modificar, requer um compromisso total por parte da direção.

Uma empresa hostil, na qual o clima seja adverso ou indiferente às idéias, tem poucas probabilidades de ser criativa.

A hostilidade ou indiferença às idéias criativas pode assumir muitas formas, algumas muito abertas: sistemas muito rígidos de análise de novas idéias, não propiciar a contribuição dos colaboradores, pedir relatórios detalhados justificando a viabilidade de uma idéia, são ataques contra a criatividade. E há outras mais sutis: o chefe que faz cara de entediado ou mostra desinteresse quando alguém lhe apresenta uma nova idéia, ou critica pessoas cujas idéias criativas não deram resultado no passado. Todos esses são também freios à criatividade na organização.

Para gerar um clima que favoreça a criatividade na empresa é necessário rever não só os sistemas de trabalho ou de transmissão da informação – e avaliar em que medida eles contribuem para fomentar ou frear a geração de novas idéias –, mas também a estrutura da organização, suas estratégias, seu estilo de direção, e como são as pessoas que trabalham nela (conhecimentos, aptidões e atitudes).

Todos esses fatores influem na mudança cultural experimentada pela organização ao tentar implementar os conceitos da criatividade.

Por último, quero lembrar aqui uma oportuna citação de Albert Einstein: "A criatividade é mais poderosa que o conhecimento".

## Medo da mudança

Tudo muda, todos mudamos, ninguém fica inerte. A mudança é inevitável em nossa vida. E, dependendo da intensidade da mudança, a resistência se manisfestará com força oposta equivalente.

Mas a mudança também é saudável e reforça o desenvolvimento e o crescimento em todos os níveis: social, profissional, empresarial e governamental.

Ao nosso redor, em todos os setores da economia, está ocorrendo uma mudança rápida, constante e quase vertiginosa.

Todas as empresas, pequenas e médias ou multinacionais, também se encontram em constante mudança. E muitas, para não dizer todas, enfrentam os riscos de várias inovações simultâneas.

O ritmo de mudança pode ser mais ou menos rápido, mas o desafio implícito na mudança sempre esteve presente. Na antiga Grécia, Heráclito, filósofo pré-socrático, dizia que a única constante no nosso mundo é a mudança. Mais tarde, Blaise Pascal afirmou que nós, seres humanos, estamos submetidos a uma mudança constante, não importa se temos ou não consciência disto. E acrescentou que, se algum dia mudasse de opinião a respeito dessa proposição, isso demonstraria a verdade do que dizia.

Nesse constante processo é inevitável cometer erros. Com o bom uso das novas tecnologias, com uma boa administração e cultura empresarial "sem medo da mudança e da inovação", entre outros fatores, minimiza-se a margem de erro. Mas devemos estar conscientes de que a maioria de nós resiste à mudança. É algo natural.

Hoje, mais do que nunca, precisamos desenvolver uma mentalidade que nos permita "perder o medo da mudança". Os verdadeiros empreendedores são pessoas que, às vezes, "vão contra a corrente", procurando a mudança. Façamos nosso o *slogan* "A inovação é a mudança aplicada de forma tangível".

Num mundo em constante movimento e "expansão", não devemos ser tolos a ponto de criar uma "redoma" que nos mantenha prisioneiros de nossos esquemas e "hábitos defasados". Optemos pela "filosofia da mudança", uma mudança calculada. Dessa forma, seremos mais eficientes e produtivos, e conseguiremos tal nível de motivação que com certeza alcançaremos a tão ansiada competitividade.

Mas por que as iniciativas de mudança fracassam?

As medidas adotadas dentro de um processo de mudança fracassam por muitas razões, mas, com toda a certeza, o maior dos problemas é a resistência à mudança.

Embora pudéssemos enumerar as razões pelas quais as pessoas resistem à mudança, prefiro agrupá-las todas numa só: o medo.

O medo paralisa, fecha a mente a novas oportunidades, impede o comprometimento, converte as pessoas praticamente em robôs.

Refiro-me ao medo em qualquer dos níveis em que ele possa se apresentar.

Esse medo está relacionado com a perda de algo: poder, *status*, sociabilidade, benefícios monetários ou de outro tipo.

O medo costuma agrupar-se em duas categorias, dependendo das fontes principais de resistência: individual e organizacional.

Na primeira, conjugam-se as características humanas básicas, como as percepções, a segurança, o medo do desconhecido e a chamada percepção seletiva (capacidade do homem de escolher, entre várias opções, apenas aquilo que lhe é conveniente e de rechaçar o que não lhe agrada).

Quanto à categoria organizacional, a mais importante é a própria inércia estrutural.

O que devemos fazer para ajudar ou permitir a mudança?

Quem pode responder é Peter Senge, autor da *Quinta disciplina* e conhecido guru da aprendizagem organizacional: "Uma organização se converte em mestre da mudança, adaptando-se somente quando consegue converter-se numa organização de aprendizagem".

Isso se consegue com o desenvolvimento de cinco habilidades que são verdadeiros componentes tecnológicos: pensamento sistêmico (conceber a organização como um sistema onde cada elemento tem necessariamente impacto sobre os demais); controle pessoal (capacidade de conseguir perícia, esclarecendo e aprofundando nossa visão e focando nossas energias); trabalhar com modelos mentais (saber lidar com eles, voltando a atenção para dentro de nós, esquadrinhando nosso interior para descobrir imagens interiorizadas do mundo e nos tornarmos conscientes delas); construir uma visão compartilhada (por meio da plena consciência de que as mudanças profundas e duradouras que os líderes desejam provêm da capacidade de compartilhar com os seguidores uma imagem clara do futuro que querem criar); e trabalhar em equipe (o que começa com o diálogo).

Assim, a mudança só é conseguida com uma comunicação clara e precisa: comunicação consigo mesmo (autoconhecimento) e com os demais integrantes da organização; comunicação da organização consigo mesma, questionando seus conhecimentos prévios; comunicação para ensinar e apoiar os integrantes para a realização da mudança.

Para "vencer" a resistência à mudança, recomenda-se uma série de estratégias que, em sua grande maioria, envolvem temas como participação, dar valor agregado às pessoas, passar mensagens claras (não ambíguas), permitir a discussão, ter um bom plano de comunicação, apoio, negociação e, em casos muito difíceis, coerção.

Os agentes de mudança devem ser os líderes. Nesse aspecto, os professores norte-americanos de gestão e negócios Jay Conger e Gretchen Spreitaer, sustentam que:

> "Os gerentes às vezes subestimam quanto é difícil tirar o pessoal de suas zonas de conforto; a mudança, por definição, requer a criação de um novo sistema, o qual, por sua vez, requer sempre uma liderança".

Mas como colocar em atividade trabalhadores e executivos? O que é preciso lhes dizer para convencê-los de que não podem ficar ali sentados, como se não fosse com eles, diante da necessidade de mudança? Para isso, segundo os citados professores, faz-se necessário um bom líder, com grandes dotes de comunicação. Mas a experiência nos diz que, se as pessoas estão muito conformadas com as coisas do jeito que estão, nem esse grande líder poderá motivá-las.

O que fazer nesses casos? Não há receitas, pois cada organização é um mundo à parte, e é preciso tratá-la dessa forma.

Portanto, a mudança é algo imposto à organização. Não existe outra opção a não ser mudar, e, no entanto, a idéia de resistência à mudança é vista quase como reprovável. Nesse particular, podemos nos fazer, entre outras, duas perguntas. Primeira: se a mudança é imposta, não seria normal e lógico que as pessoas resistissem a ela? E a segunda: Será que a palavra "resistência" é a correta para definir este fenômeno?

Às vezes, deparamos com mudanças nas quais os níveis inferiores da organização só podem sair perdendo. Portanto, seria lógica sua resistência.

A resistência à mudança não é vencida: é trabalhada, diluída por meio do diálogo comprometido e sincero.

Será que, depois do que acabamos de ler, devemos pensar que sem um líder não haverá mudança? É necessário que exista esse líder forte para diminuir a insegurança e o medo? Devemos encarar o pessoal como crianças grandes, que precisam sempre ser guiadas por um protetor? É necessário que as pessoas fiquem alinhadas atrás dessa mãe nutridora?

Vemos como absolutamente necessário um bom plano de comunicação e *feedback*, assim como recursos humanos com suficiente preparo e forte atitude moral e ética para implementá-lo.

Toda mudança precisa de "facilitadores" que proporcionem a coesão, evitando a criação de "clãs" departamentais que a dificultem.

É preciso esclarecer que a resistência não é ruim em si, mas sim uma demonstração de preocupação e medo. Para implementar a mudança, deve-se diagnosticar a situação, acionar o plano e controlar seu cumprimento.

A cooperação se apóia nos trabalhos práticos de comunicação anteriores; sem isso, a resistência estará bem alicerçada e não haverá como quebrá-la.

É preciso treinar e educar, para ter certeza de que as pessoas estão preparadas para os novos desafios, e não inseguras devido à falta de informação e de preparação.

Uma visão clara e todo um sistema que a respalde ajudam significativamente.

"Mudar" não é despedir massivamente, "mudar" é melhorar o que já existe e dar-lhe uma nova forma, mais competitiva. Embora compulsória, a mudança é progressiva, e nunca se faz a curto prazo.

Mudar consiste em ver a brecha entre o que somos e o que queremos ser como organização. É tratar os empregados como associados, e não como robôs escravos.

A demagogia e a ambigüidade não têm lugar aqui. Neste contexto, só cabem o autoconhecimento e os desafios a nossos modelos mentais.

As mudanças não devem ser deixadas ao acaso: devemos criar uma atitude e uma mentalidade abertas à mudança.

Quando se possui essa visão e se trabalha de forma constante, nenhuma mudança será tão difícil quanto possa parecer.

## Negócio e imaginação

Os empresários, dirigentes e executivos das empresas têm muitas opiniões, juízos e idéias a respeito do que são os negócios, do que é uma empresa, do que são os processos, do que representa a qualidade dos produtos e serviços, do que é a satisfação do cliente e de muitos outros conceitos sobre os diversos aspectos da atividade econômica, dos negócios e do mercado.

Numa época de mudanças muito rápidas, os conceitos adquiridos ontem já não servem mais hoje. Se a prensa de Gutenberg constituiu uma revolução ao reduzir os custos de publicação e permitir que maior número de pessoas adquirisse conhecimentos, hoje a internet tem alcance global a um custo baixíssimo. divulgando novas idéias, conceitos, produtos e serviços. A conjunção entre computação e comunicações revolucionou a esfera do conhecimento, ampliando os limites da ação. Permitam-me uma formulação mais direta: chegou a hora de não se ater mais aos limites, mas trabalhar com eles, usando a imaginação.

Não lembro quem foi que disse que "todo grande avanço na ciência é resultado de uma nova audácia da imaginação". Estava coberto de razão.

A imaginação é a arma mais poderosa que o homem possui. Aliada ao esforço, permitiu ao homem conquistas impressionantes. Mas esse imenso caudal de energia pode servir para o bem ou para o mal. A imaginação do homem superou todos os limites, inclusive os morais, o que tornou possíveis as fábricas de morte durante a Segunda Guerra Mundial e a destruição quase instantânea das Torres Gêmeas de Nova York.

Mas trata-se de usar imaginação e criatividade para o bem. É preciso utilizá-las para melhorar a qualidade de vida do homem por meio de um uso mais eqüitativo e produtivo dos recursos, aumentando a produção sem destruir o meio ambiente, permitindo o desenvolvimento dos indivíduos no trabalho e capacitando a sociedade para buscar continuamente novas conquistas, que a enriqueçam não só no aspecto material, mas no espiritual também.

Por isso, não são apenas os conhecimentos técnicos e científicos que nos permitem fazer melhor uso dos recursos ou tomar as melhores decisões, capazes de beneficiar a sociedade em seu conjunto.

As idéias ou conceitos que temos a respeito do mundo, e dos negócios em particular, são lentes através das quais percebemos o ambiente e nosso próprio ser. Somos, em grande medida, o que pensamos, e pensamos em função do que somos e sentimos. Precisamos tomar consciência disso, e a partir daí adotar uma atitude sistemática de colocar à prova cada conceito que tenhamos, individual e coletivamente, em matéria de negócios, administração, processos, sistemas, produtos, qualidade e projetos, gerando a possibilidade de novas realidades. Este é o objetivo fundamental deste desenvolvimento.

Descartes propôs esse sistema de pensamento que, duvidando de tudo, pretendia aprofundar-se nas causas de cada fato ou circunstância. Portanto, concebido como uma metodologia de indagação, foi utilizado como forma de compreender e reestruturar filosoficamente o homem e o cosmos.

Hoje, com os efeitos que tem no mundo dos negócios o incessante avanço tecnológico, científico e cultural, torna-se necessário criar um método ou sistema destinado a reconceituar e recriar nossa visão desses avanços. Os paradigmas (conjuntos de juízos e idéias através dos quais concebemos e julgamos a realidade) que nos ajudaram a tomar decisões e resolver problemas numa época já não são úteis nesta nova era, marcada por novas realidades nos processos e técnicas de produção e nas necessidades individuais e sociais.

Recriar implica criar novamente a visão e a forma de fazer as coisas, ou seja, dar lugar a novas maneiras de administrar, produzir, vender, dirigir, motivar, planejar, projetar e gerar valor na atividade empresarial.

Quais serão os vencedores no novo mercado global marcado pela ultraconcorrência? Serão aqueles que tiverem capacidade e ousadia, e, com uma atitude revolucionária, forem capazes de conceber e gerar novas realidades. Mais que uma atitude preventiva, exigem-se atitudes proativas; mais que adiantar-se aos fatos, é preciso gerar novas realidades. É aqui que toma forma a necessidade de trabalhar com os limites. Num mundo onde os produtos possuem ciclos de vida cada vez mais curtos, será necessária uma revolução permanente. Antes, uma grande inovação deixava de sê-lo em dez ou vinte anos, mas hoje isso ocorre em um ano, em meses e, em alguns casos, até em semanas.

Assim como no terreno da política, diante de determinadas circunstâncias no desenvolvimento das realidades surge a necessidade de novas idéias e conceitos que se adaptem melhor aos novos tempos e às mudanças que eles requerem.

Portanto, é preciso que os indivíduos liderem a mudança.

Os novos líderes que as empresas e organizações requerem para o século XXI são aqueles envolvidos com a revolução permanente, dispostos a destruir seus conceitos para gerar outros, novos e mais poderosos. Os líderes devem antepor o pragmatismo aos dogmatismos, para que estes não os conduzam, a eles e às suas empresas, ao desaparecimento. Assim, as missões e valores das empresas devem ser continuamente reconsiderados à luz das novas realidades. A missão que em outro momento foi capaz de levar uma empresa aos primeiros lugares hoje pode conduzi-la ao sepulcro.

O líder deve ter a capacidade de criar e recriar constantemente as idéias e os conceitos que guiam a empresa. Um indivíduo não pode se contentar em ser uma pessoa criativa apenas numa etapa de sua vida. A realidade atual requer criatividade constante, e, se a pessoa não possui mais essa força, deve dar lugar a outras pessoas criativas, para que continuem o processo.

Desse modo, a empresa conservará a força de criar e, além disto, manterá a rica experiência dos líderes anteriores.

O líder moderno não só deve sobressair por sua criatividade, mas também fomentar e apoiar a criatividade de seus subordinados.

Um dirigente empresarial que não sinta que a terra se move sob seus pés está vivendo no passado e não está preparado para o futuro.

Atualmente, estamos experimentando diferenças dinâmicas em todos os aspectos da empresa, diferenças que afetam sua permanência e nossa posição dentro dela. À medida que o tempo passa, essas diferenças aumentam em freqüência e intensidade até alcançar proporções quase sísmicas.

A evidência de mudança é patente. Mudanças tecnológicas impressionantes ocorreram graças ao raio *laser*, à engenharia genética e à industrialização do espaço, entre muitas outras.

As mudanças sociais são abundantes, entre elas a dissolução do núcleo familiar, os papéis mutantes desempenhados pela mulher, o envelhecimento da população nos países centrais, a revolução da boa saúde e a descentralização das instituições.

Na área produtiva, surgiram novos processos e bens, cujos ciclos de vida estão cada vez mais acelerados.

Analisar e tomar decisões em função de paradigmas ou conceitos que não correspondem às novas necessidades do mercado, às novas maneiras de processar bens e serviços, que não atendem às atuais necessidades dos consumidores quanto a valor agregado, que não permitem eficácia nas decisões em matéria econômica e financeira, é administrar erroneamente a empresa.

Portanto, os dirigentes devem não só readaptar seus conceitos, mas também revê-los de forma contínua, não só para estar em dia com os paradigmas, mas para adotar atitudes proativas, que lhes permitam gerar as novas regras que dominarão o mercado.

Técnicos, profissionais, dirigentes e líderes devem não só possuir o mais atualizado e profundo conhecimento técnico, como dominar conhecimentos que marquem a diferença com seus rivais e competidores.

Aqueles que pensam que no século XXI uma empresa poderá ser administrada usando apenas um lado do cérebro estão desperdiçando o grande potencial diferenciador do outro lado.

Os japoneses chamam o desperdício de *muda*, e caberia perguntar: o que você *muda* em sua empresa, amigo leitor-empresário, em termos de capacidades intuitivas, criativas, imaginativas e inovadoras, e em que medida você se preocupa em desenvolvê-las e dar-lhes abrigo em seus planos e estratégias de negócios.

Mas, já que falamos em negócios, imaginação, criatividade e demais coisas, pode-se falar também em beleza nos negócios?

Como seres humanos, desenvolvemos nosso potencial em atividades perfeitamente estruturadas: esportes, arte, ciência, etc.

Toda pessoa fica adulta no seio de uma estrutura existente, uma estrutura ordenada, que lhe permite descobrir e desenvolver suas habilidades e capacidades, para colocá-las tanto a seu serviço como a serviço dos demais. Ao mesmo tempo, ela vem somar-se a essa organização já existente.

Isso é o que aconteceu ou acontece com destacados esportistas como Di Stefano, Raúl ou Ronaldo no futebol; Anna Kournikova ou Rafael Nadal no tênis; Pau Gasol no basquete. O que teria sido da vida de alguns deles se o futebol não tivesse sido inventado, ou, para outros, se o tênis ou o basquete não tivessem entrado em sua vida?

E o que teria sido de Einstein ou Fleming sem a ciência? E de Beethoven ou Mozart sem a música? Dá para imaginar Velásquez ou Picasso sem telas e sem tintas? Absolutamente impossível.

Pois isso também se dá nos negócios. E é disso justamente que eles tratam: da arte de criar, manter e refinar estruturas de relações e atividades nas quais os seres humanos possam crescer e viver de maneira mais plena.

Mas não vamos nos equivocar: este é o ideal. E, se um negócio carece deste ideal, não será um negócio de sucesso, não importa o dinheiro que produza.

Os melhores negócios são estruturas belas, em cujo seio trabalham, se desenvolvem e prosperam seres humanos.

## A gestão dos negócios

"A arte de dirigir consiste em saber quando é preciso abandonar a batuta para não atrapalhar a orquestra." O autor desta frase muito eloqüente é o famoso regente Herbert von Karajan.

O que entendemos por gestão de negócios? Para mim, gestão de negócios, ou direção de empresas, é a atividade de conduzir entidades que procuram gerar benefícios, agregando valor e aplicando, para isso, ciências como administração, economia, estatística, psicologia e outras que delas derivam, como o *marketing* e as finanças.

Também inclui o uso apropriado de técnicas, como a tomada de decisões, a liderança, o controle de gestão, o planejamento e a formulação de estratégias.

Essa atividade está fortemente influenciada e determinada pelas condições ou características do meio, especialmente o econômico, o social, o normativo ou regulador e, cada vez mais e de forma determinante, o tecnológico.

Considero que o objetivo mais importante da gestão dos negócios atualmente é a busca, obtenção e desenvolvimento permanente de vantagens competitivas que assegurem um desempenho superior ao de todos os concorrentes na atividade realizada.

O que foi dito acima parece conceitualmente simples, mas a obtenção de vantagem competitiva depende da correta aplicação das ciências empresariais a um meio competitivo específico.

Na prática, a gestão dos negócios é uma atividade altamente complexa e difícil de conceituar. Basta ver que, na última década, a extensa bibliografia a respeito do assunto oscilou entre o concreto e o esotérico, e esteve fortemente centrada em novas ferramentas, e muito pouco nas ciências básicas.

Por que a gestão dos negócios é hoje uma atividade complexa? O que mudou?

Em primeiro lugar, mudou o cenário competitivo. A meu ver, existem três fatores principais: 1) o âmbito dentro do qual se dá a concorrência; 2) o ambiente competitivo; e 3) o uso de novas tecnologias.

Assim, hoje se concorre num mundo global, o que significa que todo aquele que se dedica à mesma atividade ou entre no negócio em qualquer parte do mundo é um concorrente real. Revela também que o tamanho ou a localização do negócio devem ser avaliados em perspectiva multilocal e, principalmente, que o sucesso depende de fazer as coisas melhor que qualquer concorrente de qualquer parte do mundo, isto é, a empresa hoje precisa ter caráter mundial.

O ambiente competitivo é cada vez mais desregulado, o que indica que a tendência é depender dos chamados fatores "reais" do comércio. Além disso, atualmente é difícil proteger-se por trás de fronteiras ou acordos políticos. Tudo isso é ao mesmo tempo uma ameaça e uma oportunidade, já que, se eu atuo bem, de forma correta, e tenho habilidades competitivas, posso entrar e crescer facilmente em outros mercados, ilimitadamente.

O terceiro fator é a tendência ao uso cada vez mais intensivo das chamadas novas tecnologias, que hoje determinam em boa parte a eficácia dos negócios.

Que mudanças teríamos de introduzir, portanto, na gestão dos negócios?

Talvez pudéssemos resumi-las em três pontos: 1) a boa e adequada liderança; 2) as pessoas e suas capacidades; e 3) a própria estrutura dos negócios.

Assim, uma liderança boa e adequada é um fator determinante do sucesso. Hoje trata-se mais de conduzir do que de dirigir. "Dirigir é fazer as coisas adequadamente; liderar é fazer as coisas adequadas", como diria o "filósofo dos negócios" Peter F. Drucker.

Mas os recursos-chave continuam sendo a importância das pessoas e suas capacidades. Hoje, sua contribuição principal mudou. No início era a força, hoje é o intelecto; antes administravam-se "recursos humanos", hoje administram-se "colaboradores". A vinculação e filiação estão mudando, e a tendência é passar das tradicionais estruturas hierárquicas a organizações em rede, que operam de forma extensiva com *free lancers* ou subcontratação.

Por último, hoje em dia a estrutura dos negócios é muito mais complexa. As fronteiras que antes os definiam estão difusas: cada negócio está integrado ao de seus fornecedores e conta com a participação de inúmeros subcontratados ou *outsources*, aliados e colaboradores de diversos tipos. Ao mesmo tempo e paradoxalmente, está fortemente desintegrado, a ponto de se dedicar apenas a certos aspectos centrais da atividade e terceirizar o resto. Por exemplo, pode-se crescer por meio de franquias e "vender" o modelo de negócio.

Podemos tirar alguma conclusão do que dissemos até agora? Acho que hoje se compete em duas variáveis fundamentais: a inovação e a velocidade. De fato, quem não for capaz de inovar permanentemente e com rapidez não sobreviverá no mundo dos negócios, ou terá de se conformar com posições fracas.

As oportunidades e ameaças estão em toda parte, e de forma simultânea. A velocidade da mudança é imensa, e, para competir, devemos ser capazes de administrar as relações cada vez mais complexas com as entidades internas e externas que formam e definem a organização.

Da perspectiva do empresário, quando ele consegue gerar uma vantagem competitiva pelo fato de saber gerir o negócio de forma excepcionalmente superior, abrem-se fronteiras ilimitadas, mas não se pode baixar a guarda.

Finalmente, ao aplicar uma perspectiva empresarial à maneira de ver e dirigir os negócios, o empresário deve assumir um papel no qual sinta que o sucesso ou o fracasso dependem de cada contribuição particular, sem abandonar a perspectiva de equipe e com forte envolvimento e contribuições criativas.

# IV
# A FILOSOFIA E SEU DEVIR
## O pensamento oriental e os "três magníficos" da filosofia clássica

## O pensamento oriental

A essa altura, acho necessário fazer uma pausa no caminho. Embora a filosofia tal como a entendemos – ou seja, como o esforço racional de encontrar uma explicação última da realidade – seja genuinamente ocidental, em geral fica subentendido que não existe outra filosofia senão a iniciada em Mileto. Nesse caso, a "filosofia oriental" seria outra coisa.

Vamos deixar a discussão e a controvérsia para quem se interesse por elas. Não é este nosso objetivo. O que podemos dizer sem incomodar ninguém é que, do ponto de vista histórico, a filosofia tem um argumento diferente no Oriente e no Ocidente.

Mas o certo é que no século V antes de Cristo se produz uma autêntica revolução espiritual universal, e o ser humano, tanto no Oriente como no Ocidente, começa a se indagar a respeito do sentido das coisas e de si mesmo.

Por isso, vale a pena conhecer de perto os três principais mestres espirituais do Oriente, situados também nessa época.

## Buda

Buda, que nasceu no parque Lumbini, perto de Kapilavastu, no atual Nepal, junto à fronteira com a Índia, no ano 563 a. C., foi o fundador do budismo. O nome Gautama Buda, pelo qual é conhecido o Buda histórico, é uma combinação do nome de sua família, Gautama, e do epíteto Buda, que significa "O Iluminado".

Seu nome completo era Siddharta Gautama Sakyamuni e era filho do príncipe Suddhodama. Segundo conta a tradição, o pai tentou afastar o rapaz da vida religiosa e o casou com a prima Yasodhara, que lhe deu um filho chamado Rahula. Mas Siddharta sentiu o impulso para o ascetismo e abandonou família e bens em busca da verdade. Retirou-se para a selva para meditar, orientado por dois brâmanes, e, depois de suportar duras provas, chegou às chamadas Quatro Verdades (a realidade do mundo é dor; a origem da dor é o desejo; a liberação da dor pode ser alcançada por meio do nirvana ou extinção do desejo; o caminho para o nirvana é o darma, a lei).

A partir desse momento, Siddharta quis participar à humanidade sua experiência e iniciou um intenso trabalho de pregação de sua doutrina, caracterizada pela serenidade. Fundou uma ordem monástica chamada Sangha, que se dedicou a difundir o budismo pelo mundo inteiro ao longo do tempo.

Não é nada fácil explicar o que é o budismo. São muitas sua definições, todas elas insuficientes, pois mostram apenas alguns aspectos do caminho.

O budismo consiste, principalmente, num conjunto de instrumentos terapêuticos concebidos para nos ajudar a curar nossa insatisfação vital, minimizar o sofrimento e maximizar o amor, a paz e a sabedoria. Não se trata de um simples jogo intelectual nem de um conjunto de práticas características, mas de um meio que nos ajuda a colocar em ordem os problemas mais importantes da nossa vida. O budismo oferece um ensinamento integral a partir de três esferas profundamente inter-relacionadas: ética, sabedoria e meditação.

## Confúcio

Kung-Fu-Tsé, chamado de Confúcio, nasceu em 551 a.C. no Estado de Lu, na China. Suas origens eram muito humildes, mas desde jovem ele mostrou grande inclinação pelos livros antigos, e com o tempo galgou alta posição como funcionário em seu Estado natal.

Filósofo e teórico social, foi fundador de um sistema ético, mais que religioso, que chegou até nossos dias com o nome de confucionismo.

Foi testemunha da decomposição do poderoso império chinês, cuja culpa atribuiu à perda das tradições antigas. Confúcio pretendia transformar uma sociedade decadente, não com revoluções, mas de dentro, isto é, a partir do passado. Costumava dizer: "Eu não inovo, transmito: sou fiel, amo a antiguidade".

Uma intriga política o obrigou a trabalhar como mestre e a peregrinar durante treze anos de uma corte a outra, tentando convencer os monarcas a adotar suas idéias sobre justiça e convivência harmônica.

Decepcionado, acabou se refugiando no ensino e reunindo à sua volta numerosos discípulos, com os quais sistematizou os cinco grandes textos da tradição chinesa: o célebre *Yi-King*, ou *Livro das mutações; Chu-King*, ou *Cânone da história; Chi-King*, ou *Livro das canções; Li-Ki*, ou *Livro dos rituais;* e os *Chun-Ching*, ou *Anais da primavera e do outono.*

Distante da mística e das crenças religiosas, o confucionismo se apresenta como uma filosofia prática, como um sistema de pensamento orientado para a vida e destinado ao auto-aprimoramento. O objetivo, em última instância, não é a "salvação", mas a sabedoria e o autoconhecimento.

## Lao-Tsé

Acredita-se que Lao-Tsé, fundador do taoísmo – uma filosofia de vida –, nasceu por volta do ano 600 a.C. numa aldeia do norte da China, Kiu-Yen, no reino de Tchu, onde foi arquivista do Estado, ou seja, escritor de história.

Conta a lenda que sua mãe, virgem, levou-o dentro do ventre por mais de oitenta anos e que o deu à luz sob a axila esquerda, em certa ocasião em que um raio de sol se introduziu por sua boca quando descansava à sombra de uma cerejeira. Assim, Lao-Tsé, "o Velho", nasceu com cabelos e barba brancos, o rosto enrugado e mostrando sabedoria desde o princípio: pôs-se a meditar em silêncio.

Vendo a decadência dos costumes, Lao-Tsé decidiu abandonar tudo e partiu para o Ocidente. Ao guardião da fronteira, entregou um tratado escrito com 5.000 caracteres intitulado *Tao Te King*, que significa *O livro da virtude e do Tao.* O termo *Tao* pode ser traduzido como "o caminho do homem", mas também é um conceito filosófico complexo, que abrange o cosmos e o mundo dos homens.

O *Tao Te King* propõe uma filosofia que tenta mostrar o caminho da virtude, da harmonia e da felicidade ao ser humano, e é um dos livros que preservam os princípios do taoísmo.

O taoísmo foi uma das filosofias mais importantes da China antiga, ao lado do confucionismo e do budismo. O princípio essencial do taoísmo é o "não-fazer" (*wu-wei*), que não implica passividade, mas não realizar ações não naturais. Ou seja, o taoísmo propõe a espontaneidade, deixando que as coisas tomem seu curso natural, que fluam, sem forçar as ações nem interferir em seu desenvolvimento. Tudo o que acontece é parte do Tao, e cada ser humano deve procurar o "caminho" em seu interior. O taoísmo anseia pela harmonia entre os homens, e entre eles e o "Todo" (*Tao*).

A meta do taoísmo é ajustar-se aos modos da natureza e à fusão com o Todo. Para os taoístas, as regras estritas de disciplina, pessoais ou governamentais, mostravam-se artificiais e tendiam a deformar a natureza humana e a afastar as pessoas do

*Tao.* Portanto, um traço do taoísmo é que ele tende a ser antiautoritário e anti-estatal.

Para os taoístas, o progresso científico e a cultura material são daninhos. Por exemplo, para quem recolhe água com as mãos, uma concha fabricada pelo homem é algo antinatural. Os taoístas acreditavam que o homem devia voltar ao seu estado primitivo e consagrar-se às forças da natureza. Portanto, o verdadeiro taoísta converte-se em ermitão.

Um relato chinês que expressa a profundidade do conceito do *Tao* conta que um velho mestre taoísta, depois de muitos anos de experiência e trabalho interior, recebeu a iluminação sobre a verdadeira natureza do *Tao*. Estava a ponto de morrer, quando vários discípulos em volta de seu leito lhe perguntaram:

"Mestre, achamos que o senhor é o homem mais sábio, e nos consta que penetrou no conhecimento do *Tao*. Poderia nos dizer neste momento o que é o verdadeiro *Tao*?"

O ancião abriu lentamente os olhos e, com um sorriso nos lábios, respondeu:

"O *Tao* verdadeiro é o *Tao* verdadeiro".

E morreu.

## A Atenas de Péricles

Péricles reorganizou, deu novo impulso e fortaleceu a democracia ateniense. Com isso, qualquer cidadão tinha o direito e o dever de participar da vida política. O governo de uma pólis não devia estar nas mãos dos mais ricos e poderosos, mas dos cidadãos livres, capazes de persuadir os demais com razões convincentes.

Essa mudança política, essa nova mentalidade democrática, ocasionou uma forte demanda, da parte dos que pretendiam acesso ao poder, por preceptores que ensinassem a arte de convencer. Assim surgiu um vasto grupo de profissionais de ensino que adestravam seus alunos na arte da retórica, do direito e da política, personagens que ficaram conhecidos pelo nome de sofistas.

A palavra "sofista" procede de "*sophós*" e significa "sábio". Os sofistas eram, portanto, tidos por sábios. Eram muito considerados e tratados como autênticas personalidades: respeitados, muito bem pagos e cobertos de honrarias.

Mas eles logo foram criticados por seus contemporâneos. É impossível ensinar sem propor critérios, sem transmitir valores, sem infundir uma certa visão de mundo.

Embora não constituísse uma escola filosófica propriamente dita, a sofística foi um verdadeiro movimento sociocultural. Os sofistas criaram um ambiente que penetrou em todos os aspectos da sociedade grega.

Graças a eles, a reflexão filosófica se fixou no ser humano, em sua condição moral e política; percebeu-se a importância das leis e das convenções para a convivência; e, por último, os sofistas podem ser considerados os fundadores da pedagogia.

Nessa Atenas de Péricles, em pleno século V a.C., nasceu, viveu e morreu Sócrates, "o mais sábio dos atenienses". Seu pensamento provocará uma grande crise, um ponto de inflexão, um novo início para a filosofia do Ocidente.

Sócrates, Platão, Aristóteles... nunca haverá filósofos como eles.

## Sócrates

"Há um homem com que todo filósofo europeu se identifica, mesmo que rejeite suas idéias no conjunto, e trata-se de Sócrates", afirma o filósofo polonês Leszek Kolakowski.

Sócrates nasceu em Atenas no ano 470 a.C. Seu pai, Safronisco, era escultor ou pedreiro, e sua mãe, Fenarete, parteira.

Sócrates casou-se com Xantipa já maduro, quando tinha quase 50 anos. Até aquele momento se mantivera afastado do matrimônio, e, a quem pedia seu conselho a respeito da conveniência de casar, respondia invariavelmente: "Faze o que quiseres. Seja como for, em ambos os casos te arrependerás".

Dedicou a vida a filosofar, dialogando com as pessoas em lugares públicos. Diferentemente dos sofistas, Sócrates não cobrava pelas suas aulas.

Não escreveu nenhuma obra. Seu pensamento chegou a nós pelo testemunho daqueles que o conheceram, especialmente seu discípulo Platão.

Convencido de que a verdade encontra-se no interior de cada homem, havia se proposto a tarefa de ajudar seus interlocutores a "dá-la à luz". Por isso, dizia que seu ofício era semelhante ao de sua mãe: enquanto ela ajudava as mulheres a parir seus filhos, ele ajudava os homens a parir verdades. Para isso, valia-se da ironia, método pelo qual fazia seu interlocutor tomar consciência de que não sabia tanto quanto acreditava.

Uma vez que a pessoa reconhecia sua ignorância, guiava-a por meio de perguntas até a verdade. A ironia e o diálogo eram, portanto, as duas partes de seu método, a "maiêutica". Quando consultaram o oráculo de Delfos para saber quem era o homem mais sábio da Grécia, ele respondeu: "Sócrates". E Sócrates sustentava que efetivamente era o mais sábio, porque, enquanto os que eram considerados sábios acreditavam que sabiam tudo, ele tinha consciência de que não sabia nada. "Só sei que nada sei" era seu lema.

Sua amizade com Alcibíades (um dos "trinta tiranos" da Grécia) valeu-lhe a inimizade de muitos, e, quando este deixou o governo, viu-se envolvido num julgamento em que foi acusado de corromper a juventude introduzindo novos deuses. Corria o ano de 399 a.C. Foi condenado à morte. Passou os últimos dias na cela, recebendo seus discípulos e conversando com eles sobre filosofia. Recusou-se a escapar, embora alguns de seus amigos tivessem tramado sua fuga. Chegado o dia, tomou a cicuta que o carrasco lhe deu e morreu tranqüilamente.

Contra os sofistas, sustentava que, além de opiniões, o homem é capaz de emitir conceitos. Os "conceitos universais" não são diferentes para uns e para outros, não dependem do estado de ânimo de quem os conhece. Seu conteúdo é sempre igual. Eles não são inventados, mas encontrados na realidade através da experiência.

Distinguiu entre o prazer bom e o prazer mau, e sustentou que quem sabe, quem entende, age bem: "Ninguém peca voluntariamente", afirmava.

Sócrates foi considerado o mais sábio dos atenienses. Seu pensamento provocou uma grande crise, um ponto de inflexão, um novo começo para a filosofia do Ocidente.

Sem Sócrates não teria havido Platão, sem Platão não teria havido Aristóteles, sem Aristóteles não teria havido... e assim poderíamos continuar até nossos dias.

## Platão

Platão chamava-se na verdade Aristócles, mas ganhou o apelido de Platão pela largura (*plátos*) de seus ombros. Nasceu em Atenas no ano 427 a.C., no seio de uma família que pertencia à aristocracia ateniense, a família Glaucon. Seu pai se chamava Ariston, e sua mãe, Perictione.

Na juventude, viveu as conseqüências das Guerras do Peloponeso. Aos 21 anos passou a fazer parte do círculo de Sócrates, o que produziu uma grande mudança em suas orientações filosóficas.

Tinha tais conhecimentos e habilidades que os gregos o consideraram filho de Apolo. Dizia-se que, em sua infância, as abelhas haviam feito ninho em seus lábios, profetizando as palavras melosas que iriam sair deles.

Platão foi discípulo de Sócrates na juventude e, segundo suas próprias palavras, esteve presente em seu julgamento, mas não em sua execução. O tratamento que Atenas deu a Sócrates afetou profundamente Platão, e muitos de seus primeiros trabalhos registram a memória do mestre. Comenta-se que a maioria de seus escritos sobre a ética visava evitar que injustiças como a sofrida por Sócrates voltassem a acontecer.

Depois da morte de Sócrates, Platão viajou pela Itália, Sicília, Egito e Cirene em busca de conhecimentos.

Ao voltar a Atenas, comprou uma propriedade na periferia, onde fundou um centro especializado na atividade filosófica e cultural, que ele chamou de A Academia, nome que vem do dono anterior da propriedade, Academo. Funcionou ininterruptamente até o ano 529 da nossa era, quando foi fechada por Justiniano I, que via nela uma ameaça à propagação do cristianismo. O tal Academo nunca teria imaginado que seu nome ficaria para sempre associado aos locais consagrados à cultura. Algumas pessoas têm mesmo sorte.

Muitos filósofos e intelectuais estudaram na Academia, inclusive Aristóteles.

Platão participou intensivamente do ensino na Academia e escreveu sobre assuntos filosóficos muito diversos, especialmente sobre política, ética, metafísica e epistemologia. Platão é considerado o filósofo mais ameno de todos.

Os *Diálogos* de Platão têm muita vitalidade e freqüentemente incluem humor e ironia. Neles, Platão menciona Sócrates com freqüência, cujos ensinamentos com certeza o influenciaram profundamente.

Sua teoria mais conhecida é a das *Idéias*. Nela, sustenta que todos os "objetos sensíveis" do mundo, sendo imperfeitos e deficientes, aspiram teologicamente a ser entes perfeitos e autônomos (idéias), de caráter ontológico muito superior, não perceptíveis aos sentidos. Cada idéia é única e imutável, enquanto as coisas do mundo sensível são múltiplas e cambiantes.

As opiniões de Platão também tiveram muita influência na natureza do conhecimento e do ensino. Ele defendia que a virtude pode ser ensinada e expôs os conceitos de memória e aprendizagem como uma descoberta de conhecimentos prévios e de opiniões corretas, que, embora corretas, não têm justificativa clara.

Platão afirmava que o conhecimento se baseava essencialmente em crenças verdadeiras justificadas, o que levou, mais tarde, ao desenvolvimento da epistemologia. Muitos anos depois, Edmund Gettier demonstraria os problemas das crenças verdadeiras justificadas no contexto do conhecimento.

Os neoplatônicos renascentistas estabeleceram uma concepção do amor humano ideal. E, assim, desenvolveram o conceito de "amor platônico", segundo o qual o homem supera a sensualidade quando sua razão o faz compreender que a beleza é tanto mais perfeita quanto mais afastada da matéria corruptível.

Mas, com o passar do tempo, o conceito primário da teoria de Platão foi distorcido, e é por isso que se fala de amor platônico como a idealização do ser inalcançável.

A contraposição entre a realidade e o conhecimento é descrita por Platão no célebre mito da caverna, na *República*. Para Platão, a razão e o entendimento são a única forma de acessar a realidade inteligível, ficando o papel dos sentidos relegado sempre à simples lembrança das idéias conhecidas em ocasiões anteriores.

As idéias filosóficas de Platão também tiveram muitas implicações sociais, particularmente em relação ao Estado ou governo ideal. Algumas de suas mais famosas doutrinas estão expostas na *República*.

Platão dizia que as sociedades deveriam ter uma estrutura tripartite de classes, que correspondia a uma estrutura definida pelo apetite, o espírito e a razão da alma de cada indivíduo.

Platão afirmava que a razão e a sabedoria devem governar, o que não equivaleria a tirania, despotismo ou oligarquia, pois dizia ele:

> "Até que os filósofos governem como reis, ou os reis, dirigentes ou líderes possam filosofar devidamente, ou seja, até que o poder político e o filosófico concordem, enquanto as diferentes naturezas procurarem apenas um só desses poderes, as cidades não terão paz, nem a raça humana em geral".

## Aristóteles

Afirmava a filósofa russo-americana Ayn Rand:

> "Aristóteles pode ser considerado o barômetro cultural da história do Ocidente. Quando sua influência predomina, prepara o caminho para as eras brilhantes da história; quando sua influência decresce, a humanidade também decai".

Aristóteles nasceu no ano 384 a.C. em Estagira (por isso era conhecido também como o Estagirita), pequeno povoado da Macedônia oriental.

Seu pai, Nicômaco, era médico pessoal de Amintas II, rei da Macedônia; a mãe, Festis, morreu quando Aristóteles era bem pequeno. Com apenas 16 anos, ingressou na Academia de Platão, onde permaneceu vinte anos, primeiro como aluno e depois como professor.

Filipe II, filho do rei Amintas, chamou Aristóteles à Macedônia para que se encarregasse da educação de seu filho Alexandre, àquela época com 13 anos. Assim, durante oito anos, Aristóteles foi o preceptor daquele que se tornaria o célebre Alexandre Magno.

De volta a Atenas, ele fundou o Liceu num edifício próximo a um pequeno templo dedicado a Apolo Lício (daí o nome), e em pouco tempo o Liceu superou o prestígio da Academia. Sua escola foi também denominada "peripatética", pelo costume que ele tinha de ensinar enquanto passeava (de *peripatos*, passeio).

Dos anos que Aristóteles passou no Liceu datam suas principais obras. Foi para ele uma etapa tranqüila e produtiva. Formou uma imensa biblioteca, que seria precursora das bibliotecas de Alexandria e de Pérgamo.

Aristóteles é um dos maiores filósofos da antiguidade e da história da filosofia ocidental. Foi inventor da anatomia e da biologia.

Sua filosofia se caracteriza como movimento filosófico e científico baseado na experimentação. Num panorama filosófico dominado pela ciência do mundo exterior e da cosmologia, criou um conceito da sociedade, da realidade e do homem totalmente diferente.

Sua grande revolução ideológica se dá precisamente no campo da teoria do conhecimento. Contra todos os filósofos que adotavam como pressuposto a validade do conhecimento, ele afirma que sem experimentação não há verdade.

Suas obras abrangem quase todo o saber do seu tempo: lógica, biologia, filosofia natural, ontologia, psicologia, ética, política, gramática, estética...

A filosofia de Aristóteles é realista: a realidade por excelência é o ser natural individual. O homem, composto por matéria, ou corpo, e forma, ou alma, é um ser perecível e racional. Daí parte sua proposição ética: o bem e a felicidade consistem, em última instância, na vida contemplativa, na qual o homem alcança a perfeição própria de sua essência ou racionalidade. A doutrina política de Aristóteles parte também de sua concepção antropológica: o homem é, por essência, um ser social.

Aristóteles é o inventor, no Ocidente, do conceito de alma como primeiro princípio, primeira força ou energia, que dá origem à vida, à sensação e à intelecção. Também define Deus como a "suprema causa" e o "motor fundamental do universo".

Foi também Aristóteles que introduziu a denominação de ética para designar o que concerne aos princípios do bem e do mal; e de "filosofia prática" para a disciplina que dita as regras às quais a conduta humana deve se submeter.

Segundo Aristóteles, a virtude é o objeto da ética, enquanto a moralidade é o da filosofia prática. Existem confusões posteriores que se devem às traduções; por exemplo, Cícero traduziu o adjetivo grego "*éthicos*" pelo latino "*moralis*", e Sêneca chamou a ética de "*philosophia moralis*". Desde então, aparecem com maior freqüência os três nomes: ética, filosofia moral e filosofia prática, designando, com leves nuances de diferença, a mesma disciplina filosófica. No entanto, desde a Antiguidade até o presente a expressão "filosofia prática" não se refere exclusivamente ao ético, mas abrange também a política, a economia e o direito.

Com relação às virtudes, Aristóteles distingue as éticas das dianoéticas. As primeiras têm relação com a alma sensível e são úteis para temperar as paixões; já as segundas são uma prerrogativa da alma racional.

A virtude ética é o meio-termo entre dois vícios opostos: ou seja, entre o excesso ou a falta de uma mesma emoção. Por exemplo, a coragem é uma virtude ética, mas seu excesso leva à temeridade, e sua deficiência, à covardia. Daí a expressão de que no meio-termo está a virtude.

Com a morte de Aristóteles, o Liceu entrou em grave crise, causada, entre outras coisas, pela decisão de Teofrasto, sucessor de Aristóteles na direção do Liceu, de legar a biblioteca, e portanto todos os escritos escolásticos de Aristóteles, a Neleo de Escepsis, que a transferiu para sua pátria, Escepsis, na Ásia

Menor. Os manuscritos foram depositados numa adega, onde ficaram escondidos até o ano 100 a.C. Posteriormente, no século I da nossa era, Andrônico de Rodes restaurou, compilou e ordenou os escritos de Aristóteles.

Primeiro Averróis, natural de Córdoba, que descobriu e comentou a obra de Aristóteles (daí ter ficado conhecido como "o Comentador"), e posteriormente a Escola de Tradutores de Toledo encarregaram-se de traduzir as obras de Aristóteles para o árabe, o românico e o latim. Quando as descobriu, Tomás de Aquino viu no aristotelismo a síntese filosófica mais perfeita levada a cabo desde a razão natural.

Aristóteles foi uma referência até Descartes. Hoje, o interesse por Aristóteles renasce outra vez.

# V
# PREOCUPE-SE COM O QUE É SEU
## (A BONDADE: dimensão moral)

A terceira dimensão universal da experiência humana é a dimensão moral, aquele aspecto da natureza que se esforça para expressar a bondade.

Das cinco categorias básicas às quais me referi no princípio deste estudo, a bondade é a mais suscetível de ser interpretada de maneira equívoca. Também é, e não por acaso, uma das menos valorizadas pelo mundo dos negócios em geral, e da empresa em particular.

"Um estado é mais bem governado por um homem bom do que por leis boas", dizia Aristóteles.

Mas como encarar a questão da bondade?

De início, seria preciso dizer que a bondade aprimora a pessoa.

A bondade é uma inclinação natural para fazer o bem, com uma profunda compreensão das pessoas e de suas necessidades, sempre com paciência e ânimo equilibrado. Conseqüentemente, desenvolve no homem a disposição para agradar em justa medida às demais pessoas, e a todo momento.

Mas às vezes o conceito de bondade é confundido com o de fraqueza. Ninguém gosta de se ver como o "bobo" do escritório, aquele de quem todo mundo se aproveita. A bondade é exatamente o contrário: é a força dos que sabem controlar seu caráter, suas paixões e seus impulsos.

Em que momentos nos afastamos de uma atitude bondosa? É muito simples constatar isso nas atitudes agressivas que adotamos, às vezes com maus modos e determinadas maneiras de falar, às vezes com palavras altissonantes, estejamos ou não com a razão, ou na indiferença que manifestamos diante das preocupações e inquietudes dos outros, julgando-as de pouca importância ou fruto da falta de entendimento ou habilidade para resolver problemas.

Com isso, nos convertemos em seres realmente incapazes de escutar com interesse e tratar com amabilidade todos os que vêm a nós em busca de conselho ou solução.

Equivocadamente, nosso ego pode regozijar-se quando alguém comete um erro apesar de nossas advertências, quase saboreando palavras como "eu avisei", e nos empenhamos em "colocar o dedo na ferida", insistindo em demonstrar quanto são sábios nossos conselhos.

A bondade não se detém em procurar as causas, mas em compreender as circunstâncias que colocaram a pessoa numa determinada situação, sem esperar explicações ou justificativas, e em procurar encontrar meios para que isso não ocorra novamente.

Uma pessoa disposta a "exaltar" a própria bondade pode enfatizar o tempo todo "quanto ela foi boa", "quanto vem se preocupando com os outros", e isso, é claro, não é bondade.

A bondade é generosa e não espera nada em troca. Não precisamos fazer propaganda da nossa bondade, porque então ela perde seu valor e sua essência.

Mas não devemos confundir "ser bondoso" com ser mole, condescender com a injustiça ou ser indiferente diante do que está correto ou incorreto nas atitudes e palavras dos que nos rodeiam. Ao contrário, "ser bondoso" é ser enérgico e exigente sem deixar de ser compreensivo e amável.

Do mesmo modo, implica ignorar os insultos e o desprezo dirigidos contra nós. Assim, graças ao autocontrole, o sujeito bondoso procura comportar-se educadamente apesar do ambiente adverso.

A bondade aperfeiçoa a pessoa que a possui, porque suas palavras ficam carregadas de alento e entusiasmo, facilitando a comunicação amável e simples; ela sabe dar e dar-se sem receio de se ver defraudada; e, principalmente, tem a capacidade de compreender e de ajudar os outros, esquecendo-se de si mesma.

## A ética no trabalho

A palavra ética provém do vocábulo grego "*ethos*", que significa costume.

Uma definição rápida e simples de ética poderia ser enunciada assim: é a ciência que estuda a bondade ou maldade dos atos humanos.

Mas muitos confundem ética com moral, porque os dois termos estão sujeitos a diversos convencionalismos, e cada autor, época ou corrente filosófica os emprega de diversas maneiras.

Mas podemos distingui-los facilmente.

A ética é o fato real que se dá na mentalidade de algumas pessoas, é um conjunto de normas, princípios e razões que um sujeito compreendeu e estabeleceu como diretriz de sua conduta.

A moral é o fato real que encontramos em todas as sociedades, é um conjunto de normas que são transmitidas de geração a geração, evoluem ao longo do tempo e possuem fortes diferenças em relação às normas de outra sociedade e de outra época histórica. Essas normas são utilizadas para orientar a conduta dos integrantes dessa sociedade.

Mas, em ambos os casos, trata-se de normas e percepções. A moral é um conjunto de normas que uma sociedade se encarrega de transmitir de geração a geração, e a ética é um conjunto de normas que um sujeito adotou em sua própria mentalidade.

No mundo empresarial – ou particularmente na realização de um negócio, na aplicação de uma estratégia –, a omissão de informação relevante ou a desinformação podem ser benéficas economicamente. De fato, pode-se dizer que um negócio foi bom não só porque ambas as partes se beneficiaram, mas porque uma delas tirou maior proveito.

Poderíamos dizer que um negócio bom no sentido moral é um mau negócio no sentido econômico, já que, no sentido moral, se procura um acordo benéfico para ambas as partes, e, no sentido econômico, tenta-se obter uma vantagem, às vezes às custas da ingenuidade ou da ignorância da outra parte.

Argumenta-se que a ética não é um ingrediente para triunfar nos negócios, mas isso é um equívoco, já que os negócios são feitos através de pessoas (o fator humano) e, por isso, seria um erro levar a interação estritamente para o enfoque do benefício para o mais forte.

Lembramos que a fórmula do sucesso deve ser "*win-win*", como dizem os saxões, isto é, negócios realizados por conveniência mútua e com resultados benéficos para ambos.

Do contrário, ficaria latente a disposição de obter vantagens pessoais. Nesses casos, o comportamento imoral convertido em norma (aceitação geral) se tornaria um elemento de difusão.

Fazer honestamente o próprio trabalho é uma das exigências fundamentais do homem em qualquer cultura. No campo da concorrência no qual a empresa se encontra inserida, tampouco se costuma aplicar a estrita visão ética. Ao contrário, a concorrência é crua, e, para conseguir sucesso, constroem-se sofisticadas estratégias de impacto. Trata-se de uma ação de guerra, na qual a mente do consumidor é o campo de batalha. Para muitos, essa batalha não pode ser travada segundo a ética. No entanto, é impossível separar negócios e valores, como se ambos pertencessem a mundos diferentes, porque a ética pertence à própria realidade, já que se trata de uma dimensão de toda atividade humana.

Uma boa atuação ética é simultaneamente uma boa atuação profissional. A ética revela nos homens algo de mais valor que a simples atuação. A ética empresarial é uma exigência da pessoa, qualquer que seja seu trabalho.

A ética empresarial pressupõe princípios iguais aos da moral em geral. Se existir uma genuína preocupação com os empregados (qualidade e ambiente, remuneração, sentido de família, incentivos, segurança), proporcionando-lhes "dignidade e respeito", o trabalhador estará feliz e motivado a produzir qualidade.

Esse estado de espírito, essa sensação de felicidade, são em si uma questão ética. Em muitas empresas, imersas na competitividade e sem tempo para nada, os trabalhadores são apenas "recursos humanos". É como se os sujeitos não fossem pessoas, e sim recursos (com todas as implicações éticas disso).

Esses recursos são atraentes na medida em que possuam juventude, dedicação, resultados, identificação com a empresa, esforço que vá além da estrita responsabilidade, capacidade de trabalhar em equipe, conhecimentos de computação e de mais de um idioma, por exemplo.

Melhor ainda se seu custo for "baixo". Mas, quando estiver desgastado – depois de entregar a vida à empresa (sem esquecer que a família também vive esse processo) –, esse recurso poderá ser friamente substituído por outro, mais jovem, que tenha conhecimentos de computação, baixo preço, etc., etc.

Esse é o comportamento de algumas empresas em relação aos seus "recursos humanos" (sem levar em conta que são pessoas com famílias que dependem deles, com aspirações, necessidades, senso de dignidade, sonhos de justiça, etc.). Ainda assim, a maior parte das empresas não hesita em afirmar que as pessoas que compõem seu quadro são um de seus principais ativos.

No entanto, ter ética empresarial significa atuar num ambiente que não só procura o respeito e a dignidade de seus empregados (pessoas, e não recursos), mas também apresentar-se diante da sociedade de maneira honrada, verdadeira e honesta, idealmente na procura do bem social.

A ética limita as oportunidades de negócio?

A busca de rentabilidade não se opõe necessariamente à ética, pois existem qualidades graças às quais se trabalha mais e melhor; e porque existem outras dimensões da vida que pressupõem limites à rentabilidade. Por exemplo: "As normas são boas para todos, mesmo que num momento particular não me favoreçam", ou seja, a resposta a esta pergunta poderia ser "não é só isso, e não é sempre assim".

As considerações éticas pressupõem um elemento de racionalidade nas análises empresariais. A ética revela-se uma dimensão inexorável da atividade humana e empresarial.

Na tomada de decisões, os executivos procuram minimizar o risco com exaustivas análises, demonstrações e projeções empíricas. Só que poucas vezes se considera o elemento adicional, o sexto sentido, o sentido comum e o sentido ético. Existem âmbitos do saber que exigem demonstrações; e outros que pedem persuasões. As decisões éticas pertencem a este segundo âmbito de conhecimento. Os dados empíricos são sempre necessários, mas não são o fator determinante na hora de decidir. Existe um sexto sentido que nos insinua se um negócio é bom ou não.

Na linguagem ética, a dificuldade de saber quando uma ação humana é boa ou má é similar à dificuldade de saber se um negócio será bom ou ruim: não temos certeza, mas temos uma idéia suficiente para saber se uma decisão é razoável (a experiência como referência desempenha papel determinante).

Toda decisão traz implícito um risco, que não saberemos ao certo qual é até executarmos a ação, até fazermos a tentativa. Não basta contar com as melhores ferramentas. Para passar da análise à execução é preciso estar convencido, é preciso prever as conseqüências e responsabilidades, é preciso assumir o risco. Passar do "deve ser" para o "ser" envolve riscos. É basicamente isso que a ética tem em comum com os negócios.

Os conceitos com os quais se lida normalmente no mundo empresarial têm conotações intangíveis e diversas, segundo a idéia de cada (para alguns, o sucesso pode ser uma melhor participação no mercado, maior rentabilidade ou prestígio, etc.). Portanto, não podem ser julgados verdadeiros ou convenientes da perspectiva do que é quantificável. Muitas vezes conotamos o sucesso de forma excludente em relação a quem não o obtém, ou seja, sua obtenção ganha significado pelo fato de outros não o conseguirem. Em matéria ética, dentro do mercado empresarial, não se deve procurar o sucesso impedindo ou evitando que outros o consigam.

Se consideramos o trabalho como uma necessidade dignificante do ser humano, passaremos a encará-lo com um profundo sentimento de solidariedade.

Trabalho e emprego não são a mesma coisa. O emprego é bem escasso, e o trabalho é uma necessidade natural. O trabalho é a principal fonte de realização pessoal. Ele outorga ao homem dignidade, sentimento de pertinência, de responsabilidade: sensação de ser útil. É apenas sob a perspectiva da dignidade da necessidade de trabalhar que se pode enfocar a solidariedade.

Portanto, a ética é um valor intrínseco a toda atividade econômica e empresarial, já que qualquer atividade empresarial inclui o ser humano. A ética é uma exigência que se torna mais significativa quanto maior for a complexidade social. Se a ética está presente em toda atividade empresarial, não pode ser considerada um "valor agregado", mas um "valor componente".

Mas o que são valores? Como atuam no contexto empresarial?

Os valores éticos se sustentam no campo da moral, na vida de alteridade e no encontro com os demais, consigo mesmo e com os que nos rodeiam. Realçam a liberdade do ser humano, ajudam a guiar nossas ações e escolhas individuais.

No caso particular dos gerentes, eles procuram lidar com o clima ético nas organizações buscando uma maneira de introduzir esses valores em seus negócios.

As empresas deveriam pautar-se por propósitos responsáveis, voltados à consecução de valores éticos para com a comunidade e os empregados.

A atividade empresarial de uma organização afeta muitos grupos (fornecedores, acionistas, clientes, consumidores, comunidade em geral, etc.). Exige-se da empresa uma atitude responsável para com essa comunidade, já que seu comportamento repercute nela direta ou indiretamente.

Ser responsável significa dirigir a empresa medindo o impacto de sua atuação sobre esses grupos, respeitando seus direitos e interesses legítimos. É preciso evitar o engano e a desinformação. A honestidade requer retidão e sinceridade da informação demandada pela comunidade. Os sinais que uma empresa emite afetam muitas pessoas, que, confiando na informação, tomam decisões que, por sua vez, afetam outras pessoas. A comunidade confiará nesses sinais se perceber que eles são honestos.

Além disso, a confiança exige o reconhecimento de compromissos implícitos nas promessas. A concorrência leal e a obtenção da qualidade real são parte da confiança. Sua ruptura prejudica diretamente as pessoas.

Deve-se agir de modo justo, tanto no oferecimento de oportunidades dentro da empresa quanto diante de todos os grupos que têm relação direta ou indireta com os afazeres da organização.

Deve-se também evitar influências impróprias, favoritismos baseados em interesses pessoais ou condutas que afetem a integridade dos executivos.

Voltando aos gerentes, eles devem assegurar que seus empregados não se submetam a essas influências. Agir com integridade pressupõe ter um comportamento leal diante das obrigações e tarefas que devem ser empreendidas, no contexto da confiança depositada no empregado. No seu sentido mais amplo, deve-se agir segundo as convicções e os requisitos morais, mesmo que isso pressuponha um custo.

Ter respeito significa reconhecer que os indivíduos sustentam relações fora da empresa, possuem autonomia, privacidade, dignidade, direitos e necessidades.

Por outro lado, os executivos devem respeitar a propriedade intelectual e privada, tendo cuidado especial quando a atividade comercial envolve a propriedade alheia (pública ou da natureza).

Em suma, o comportamento baseado nesses valores beneficia toda a sociedade, a empresa e a economia na qual a empresa se insere.

Os princípios são a base da confiança e da cooperação, e também contribuem para a moral dos empregados. É especialmente importante o orgulho dos empregados na produtividade e na atitude geral, quando percebem que pertencem a uma organização que define os valores éticos como um estilo de vida.

Para concluir, devo dizer que o comportamento ético não é inerente ao cargo que se ocupa ou ao cartão de visitas. É um estilo de vida, uma forma de relação com as coisas e entre as pessoas. Trata-se, portanto, de comportar-se de maneira que os cargos e as instituições se vejam impregnados de ações éticas e honradas, e que estas sejam a norma, e não a exceção.

E, o mais importante, que não se encontrem justificativas, pretextos ou argumentos para explicar ações que evidentemente não são éticas nem honradas, mas voltadas à satisfação de interesses e ambições mesquinhos e pessoais.

"A ética é uma ciência prática, porque não se detém na contemplação da verdade, mas é um saber aplicado às ações humanas", nos diz Tomás de Aquino.

## Sabedoria e virtude

Como tomar decisões boas e éticas?

A resposta a essa pergunta nos é oferecida por Aristóteles: precisamos de sabedoria e virtude em nossa vida. Sabedoria e virtude, duas palavras fora de moda que acabamos de redescobrir.

Vamos divagar um pouco.

Desde que os gregos começaram a questionar o universo, naquele amálgama tão característico de seu incipiente pensamento, que então continha uma grande dose mítica e um leve vislumbre de filosofia, misturados com fantasias mitológicas, em princípio nos parece difícil ver sua evolução para o caminho que seria tão percorrido pelo ser humano em épocas posteriores: a filosofia, e com ela a sabedoria.

Dando esse passo atrás, a fim de lançar luz sobre nossa abordagem da sabedoria, encontramos o primeiro degrau que dela nos aproxima naqueles primeiros pensadores: a experiência real, tangível, do homem com a natureza, a partir da qual surgirá o processo do conhecimento humano.

Mas, na realidade, o que é a experiência? O que podemos chamar de experiência? O que é que cada um vive?

Não podemos falar de filosofia nem de sabedoria em sua dimensão de universalidade, já que a filosofia nunca deve se basear na individualidade para ser, mas exige ser em si mesma o produto de uma experiência universal, aplicável a qualquer sujeito. Portanto, a experiência que nos diz respeito não é o conjunto de pensamentos ou juízos sobre determinados fatos da vida, mas algo que vai muito além, uma abstração de tipo espiritual, fruto de nosso contato vivencial com as coisas.

A partir dessa abstração do tangível, o homem adquire consciência de uma realidade que é questionada, dando lugar à filosofia propriamente dita, que se desprende do acontecer da natureza, tal como a consideravam os gregos, mas que, ao mesmo tempo, se nutre da própria essência para se desenvolver.

Por meio da filosofia, essa percepção se transforma em pensamento universal, que se desinteressa do indivíduo no processo filosófico para fazer parte de uma consciência de espírito que transcende o mais puro do ser.

É assim que a filosofia pode anular a própria experiência na qual se sustenta, elevar-se acima dela e adquirir uma liberdade que se separa do puramente material.

É nesse momento de liberdade total que se chega ao zênite da escala, no qual pode surgir a centelha da sabedoria, que não seria então outra coisa senão a própria filosofia revelada pela experiência universalizada e aplicada à experiência individual de cada ser humano em seu devir existencial.

Vamos voltar à realidade.

O ambiente de trabalho moderno não pode funcionar bem a longo prazo sem a contribuição da sabedoria e da virtude.

Em tempos difíceis, não é possível tomar boas decisões sem essas duas qualidades.

As pessoas não podem dar o melhor de si sem sabedoria para ver o que devem fazer, e sem a virtude necessária para fazê-lo.

Vejamos agora o que é exatamente a virtude.

A virtude é uma predisposição para fazer o bem, uma motivação interna que nos leva a fazer o que é correto.

Para os filósofos gregos, "virtude" se refere à excelência de uma coisa, e por conseguinte, à disposição de realizar a função que lhe é própria. Por exemplo, uma faca "virtuosa" corta bem, e um médico "virtuoso" sabe curar. Pelo mesmo motivo, uma pessoa virtuosa – sustenta Aristóteles – vive de acordo com a razão.

Quando uma entidade realiza a função que lhe é própria, não de qualquer maneira, mas com perfeição, dizemos que ela é virtuosa ou boa.

É importante observar que, segundo esse ponto de vista, fala-se de virtude num sentido muito amplo (diferentemente do modo atual de falar, que restringe a virtude ao âmbito dos costumes e da prática moral).

Em certos contextos, utilizamos as palavras "virtude" e "bondade" de maneira semelhante à dos gregos. É o que acontece, por exemplo, quando falamos de uma boa faca para designar a faca que corta – ou seja, que é capaz de realizar sua finalidade – muito bem, e não de qualquer maneira.

Na noção aristotélica da virtude, são importantes os conceitos de natureza e de finalidade: a virtude de um objeto tem a ver com sua natureza e aparece quando a finalidade determinada por essa natureza se cumpre no objeto em questão.

Aristóteles nos diz, em sua *Ética a Nicômaco,* que a virtude humana não pode ser nem uma faculdade nem uma paixão, mas um hábito. O fato de ser um hábito quer dizer que ela aparece não por natureza, mas em conseqüência da aprendizagem, mais exatamente da prática ou repetição.

A prática ou repetição de uma ação gera em nós uma disposição permanente ou hábito – daí que a tradição aristotélica fale de uma segunda natureza para se referir aos hábitos – que nos permite realizar uma tarefa de forma quase natural.

Os hábitos podem ser bons ou maus. São hábitos maus aqueles que nos afastam da consumação de nossa natureza – e recebem o nome de vícios. São hábitos bons aqueles com os quais o sujeito cumpre bem a função que lhe é própria – e recebem o nome de virtudes. Em geral, chamamos de virtude toda perfeição de alguma coisa, o que nos leva a distinguir virtudes do corpo e virtudes da alma.

Aristóteles divide as virtudes em duas: éticas e dianoéticas.

As virtudes éticas, posto que são numerosas, assim como são também numerosos os impulsos e os sentimentos que a razão deve moderar, derivam em nós do hábito. O homem é por natureza potencialmente capaz de formar essas virtudes e, por meio do exercício, traduzir essa potencialidade em realidade.

Realizando atos justos, nós nos tornamos justos, ou seja, adquirimos a virtude da justiça, que a partir daí permanece em nós de forma estável como um *habitus*, que contribuirá para que possamos realizar com facilidade ulteriores atos de justiça. Realizando atos de coragem, nós nos tornamos valentes, ou seja, adquirimos o *habitus* da coragem, que mais tarde nos ajudará a realizar facilmente atos de valentia. E assim sucessivamente.

Em resumo, para Aristóteles, as virtudes éticas se aprendem da mesma maneira como se aprendem as diferentes artes, que são também "hábitos".

Mas qual é a natureza comum a todas as virtudes éticas? Aristóteles responde pontualmente: não há virtude se existe excesso ou deficiência, ou seja, quando há demais ou muito pouco; a virtude implica, ao contrário, a justa proporção, que é o caminho do meio entre dois excessos.

E quando se fala em "excesso", "deficiência" e "justa proporção" a propósito das virtudes éticas, a que nos referimos?

Segundo Aristóteles, aos sentimentos, às paixões e às ações. A virtude ética é, portanto, o meio-termo entre dois extremos da paixão, um dos quais é extremo por deficiência, e o outro, por excesso.

Para quem compreendeu bem essa doutrina de Aristóteles, é óbvio que o meio-termo não é a mediocridade, mas sua antítese. A "justa proporção" está claramente acima dos extremos, representando, diríamos, sua superação e, portanto, como diz Aristóteles, constitui o "cume".

Vejamos um exemplo:

| Tipo de conduta | Vício (por deficiência) | Virtude (meio-termo) | Vício (por excesso) |
|---|---|---|---|
| Em relação aos prazeres corporais | Abstinência | Temperança | Desenfreio |
| Em relação ao perigo | Covardia | Valentia | Temeridade |
| Em relação ao dinheiro | Mesquinhez | Generosidade | Prodigalidade |

Entre todas as virtudes éticas, Aristóteles não hesita em assinalar a justiça como a mais importante. Segundo ele, acima das virtudes éticas encontram-se outras virtudes, características da parte mais elevada da alma, ou seja, da alma racional, e que portanto recebem o nome de virtudes dianoéticas, ou seja, virtudes da razão.

E, como são duas as partes ou funções da alma racional (uma, a que conhece as coisas contingentes e variáveis; outra, a que conhece as coisas necessárias e imutáveis), é natural que exista uma perfeição ou virtude da primeira função e uma perfeição ou virtude da segunda função da alma racional.

Essas duas partes da alma racional são, basicamente, a razão prática e a razão teorética, e as respectivas "virtudes" são as formas perfeitas com as quais se apreende a verdade prática e a verdade teorética.

A virtude típica da razão prática é a *phrónesis*, usualmente traduzida por "prudência", enquanto a virtude específica da razão teorética é a "sabedoria" (*sophia*).

Um homem prudente é o que sabe dirigir corretamente sua vida, ou seja, saber deliberar o que é bom ou mau para ele. A prudência é, para Aristóteles, "uma disposição prática, acompanhada da razão veraz, em relação ao que é bom e mau para o homem".

A outra virtude dianoética, a mais elevada, é a "sabedoria". É formada pela apreensão intuitiva dos princípios por meio do intelecto, ou pelo conhecimento discursivo das conseqüências que derivam de tais princípios. A "sabedoria" é uma virtude mais elevada que a "prudência" porque, enquanto esta se refere ao homem, e portanto ao que há de mutável nele, a "sabedoria" considera o que está acima do homem.

Mas voltemos a este mundo. Se a sabedoria e a verdade desempenham um papel crucial tanto para as pessoas como para as empresas, o que devemos fazer?

A sabedoria e a virtude compõem o solo fértil onde se semeia a cultura ética. Se queremos cultivar a dimensão moral de nossas empresas e organizações, assim como em nossas relações e em nossa vida, temos que cultivar e nutrir tanto a sabedoria quanto a virtude.

Quando compreendermos isso, estaremos em condições de dar o melhor de nós, tomar decisões éticas e experimentar satisfação e felicidade em nosso trabalho.

## A corrupção

A natureza contraproducente das práticas aéticas se manifesta de maneiras muito diversas.

A corrupção é um ato ilegal que ocorre quando uma pessoa abusa de seu poder para obter algum benefício para si, para seus familiares ou amigos. Requer a participação de dois atores: um que, por sua posição de poder, possa oferecer algo valioso e outro que esteja disposto a pagar suborno para obtê-lo.

Infelizmente, a corrupção é uma prática social comum em todos os estratos socioeconômicos, na vida cotidiana e em todas as atividades econômicas, sem discriminação entre servidor público, empresário, economia informal e um cidadão comum qualquer – você ou eu. E isso nos afeta a todos.

A especificidade do ato de corrupção está em que o depositário da confiança abusa, infringe ou viola (de maneira explícita ou implícita) alguma das regras do jogo pactuado com quem lhe outorgou essa confiança, e que acaba sendo fraudado.

Esse jogo pode ser um conjunto de práticas sociais ou códigos de conduta que operam como pano de fundo, sejam explícitos ou não, para os atores ou para os observadores.

O termo "corrupto" se aplica ao depositário da confiança e ao que instiga ou aceita a fraude, mas não a quem é defraudado, a quem outorgou a confiança e, vendo-a depositada erroneamente, sofre abuso.

Não obstante, a corrupção rompe o tecido social, pois diminui a confiança dos cidadãos nas instituições, no governo e em si mesmos. Além disso, afeta o nível ético da sociedade em seu conjunto. À medida que a corrupção se generaliza, os escrúpulos éticos vão rareando.

Vamos divagar outra vez.

Definitivamente, a corrupção tem má fama. Quando se descobre um político, um sindicalista ou um empresário corrupto, todos pedimos a mesma coisa: "demissão, rua, cadeia!" Mas a corrupção é um sintoma de que alguma coisa funciona mal.

Quando se deu a queda do comunismo, muita gente a atribuiu à corrupção: o "poder" havia corrompido os camaradas. Até na China, onde a corrupção é castigada com a pena de morte, registram-se graves casos de corrupção.

A corrupção é uma enfermidade de determinados regimes políticos?

Não totalmente. A corrupção é um sintoma que nos indica que, naquele lugar específico em que ela ocorre, existe uma forte repressão da liberdade. A corrupção nos mostra um excesso de leis inúteis, que comprometem o bom funcionamento dos assuntos econômicos. A corrupção não é sanada com mais leis, pois isso seria incentivá-la: a corrupção só pode ser eliminada com maior liberdade, e isso significa, no mundo da economia, menos poder político e maior liberdade para o ator econômico individual.

Numa sociedade altamente regulada, as coisas simplesmente não funcionam. Todas as tarefas e processos se perdem em trâmites inúteis, aumentando custos e criando um sistema onde uma grande parte do benefício fica com o que é autenticamente inútil na sociedade: o legislador e o funcionário.

Mas, quando é assim, a corrupção também alcança as empresas. Algumas falseiam sistematicamente sua contabilidade para pagar menos impostos e outras subornam – são exemplos que não cheiram bem.

Isso significa que temos que permitir a corrupção?

Evidentemente não, porque ela também tem um custo, embora menor que o das leis excessivas e inúteis. A solução está em ter as leis básicas que permitam a justiça.

Impor leis vãs, triviais ou excessivamente duras só cria a reação contrária à finalidade desejada.

Felizmente, a empresa, o setor privado, chegou a compreender os riscos da corrupção: ela distorce a concorrência leal e as regras de uma economia de livre mercado, repercute negativamente na qualidade dos produtos e dos serviços, enfraquece as perspectivas para o investimento econômico e mina a ética empresarial.

Devemos nos associar a pessoas competentes, pessoas de caráter admirável e sabedoria comprovada. Neste caso, a frase "dize-me com que andas e te direi quem és" significa que seremos iguais aos sócios dos quais nos rodearmos. É bom evitar más companhias.

Vamos prestar também atenção aos pequenos detalhes – é uma prática muito boa.

As empresas às vezes fazem grandes investimentos na implementação de métodos e sistemas que as tornem mais competitivas e se esquecem de pequenos detalhes que podem fazer a diferença em relação a seus concorrentes.

O líder empresarial é uma pessoa que sabe dar importância aos pequenos detalhes. Toma decisões após uma análise rigorosa na qual não dá nada como certo. Prestar atenção aos pequenos detalhes minimiza o risco de errar.

Um pequeno detalhe pode não ter importância, mas a soma de muitos pode. Às vezes, um pequeno detalhe pode ser a diferença entre o sucesso e o fracasso (por exemplo, a letra miúda num contrato).

Para alcançar a excelência nas coisas grandes é preciso começar preocupando-se com as pequenas.

O líder empresarial deve gerar na organização uma preocupação com os pequenos detalhes. Se os subordinados vêem que o líder se preocupa com as pequenas coisas, também adotarão essa postura. Isso transmite uma mensagem de rigor: se as coisas pequenas são importantes e é preciso prestar atenção nelas, imagine então com que seriedade será preciso abordar os grandes assuntos.

Por exemplo, se o líder exige de seu diretor financeiro que reclame junto ao banco algumas comissões cobradas incorretamente, não é difícil imaginar como irá reagir esse diretor financeiro quando o erro do banco representar uma soma significativa.

A preocupação com os pequenos detalhes permite ter um conhecimento mais exato e profundo do assunto que se está abordando. O domínio que a equipe tiver dos pequenos detalhes permitirá ao líder saber com que precisão ela conhece o problema.

Se uma pequena questão é abordada imediatamente, pode-se evitar que se transforme num problema maior. A importância do pequeno detalhe está em que, às vezes, é isso que o empregado percebe de forma mais imediata.

Por exemplo, uma mensagem da direção afirmando que é objetivo prioritário da empresa melhorar as condições de trabalho pode se esvaziar de significado se o empregado perceber, por exemplo, que a máquina de café está há vários dias sem funcionar e ninguém se preocupou em consertá-la.

Sem dúvida, não é função do líder detectar e corrigir pequenos detalhes, mas ele deve, sim, fomentar na empresa uma cultura na qual se conceda importância a essas questões.

O líder é a figura de referência dentro da empresa, e seu modo de atuar é permanentemente observado por seus subordinados.

Por exemplo, se o líder se preocupa em atender pessoalmente a uma pequena reclamação de um cliente, contribuirá para fixar o nível de qualidade esperado do departamento de atendimento ao cliente.

Outro ponto: se o líder prega a necessidade de reduzir custos, mas vive trocando de carro às custas da empresa, dificilmente a organização levará a sério sua mensagem.

Cultivar a imaginação é outra boa prática.

Diz um amigo que a melhor maneira de cultivar a imaginação é observar a realidade e deixar de bobagens e de quimeras.

Precisamos estimular e cultivar a imaginação e dar espaço para que o talento se manifeste de uma maneira harmônica. Isto tem seu lugar ideal no seio da empresa.

Cultivar a imaginação, despertar o desejo de se situar perante o mundo, não para julgar, mas para compreender e melhorar.

Uma mentalidade positiva consiste também em cultivar a imaginação para colocá-la a serviço de uma criatividade que permita abrir novos caminhos para a realização pessoal, empresarial ou de qualquer outro tipo.

Conseguir um uso inteligente da imaginação é um desafio que pode ser conquistado.

## Espírito empresarial

O que é o espírito empresarial? O espírito empresarial é mais do que a competência e o risco de criar uma empresa própria. As empresas criam riqueza e postos de trabalho. Sem o dinamismo que trazem para a economia, os desafios da globalização e da mudança estrutural não seriam possíveis.

O que é fomentar o espírito empresarial? Fomentar o espírito empresarial significa mobilizar a energia empresarial dentro de um processo dinâmico, que se beneficia de todas as oportunidades que a economia pode oferecer.

As políticas adotadas pelos poderes públicos em assuntos que afetam as atividades produtivas, apesar dos diferentes graus de atividade empresarial que existem, demonstram que o sucesso das empresas se deve à combinação de um ambiente institucional favorável, programas governamentais perfeitamente planejados e fatores culturais propícios.

Como desenvolver o espírito empresarial? Para se desenvolver, o empresariado requer mercados financeiros eficazes, um mercado de trabalho flexível, um sistema fiscal mais simples e transparente, e uma regulação sobre a falência adaptada à realidade do mundo empresarial.

Fomentar o espírito empresarial não é só um imperativo econômico, mas também um desafio urgente, que nos permitirá conciliar os objetivos do crescimento econômico e da coesão social.

## Imagem e identidade corporativa

A imagem corporativa é uma poderosa ferramenta de *marketing* e posicionamento para incrementar os rendimentos da empresa.

A imagem corporativa não é um investimento a curto prazo, mas uma iniciativa que conquista a estima dos clientes, fornecedores e empregados à medida que vai sendo construída.

Num mercado tão competitivo e mutável, a imagem corporativa é um elemento definitivo de diferenciação e posicionamento. Assim como as empresas se vêem obrigadas a adequar-se às mudanças com uma velocidade e profundidade jamais vistas, do mesmo modo devem adequar sua imagem para que ela reflita essas mudanças.

A imagem corporativa é a maneira pela qual a empresa transmite quem é, o que é, o que faz e como o faz. A ação coordenada dos diferentes agentes de comunicação fará com que a imagem seja corretamente transmitida ao público desejado.

Em resumo, a imagem corporativa é a personalidade da empresa, o que a simboliza. Essa imagem tem que estar impressa em todas as partes que envolvam a empresa para dar-lhe corpo e, através da repetição, posicioná-la no seu mercado.

Mas a identidade corporativa é a causa da imagem corporativa. A singularidade da identidade da empresa é o valor diferenciador por excelência. Trata-se de um supravalor, porque gera outros valores, como a personalidade e o estilo corporativo, cuja culminação prática, para o público, é a imagem.

O que chamamos de "identidade corporativa"? A verdade é que ela não pode ser definida de uma só maneira. Assim, pode-se dizer que é um veículo que dá uma projeção coerente e coesa de uma empresa ou organização, uma comunicação visual sem ambigüidades. Ela nos torna únicos e diferentes.

Mas também é um aglutinador emocional que mantém a empresa ou organização unida. É uma mistura de estilo e estrutura que afeta o que se faz, onde se faz e a maneira de explicar o que se faz.

Pode-se, portanto, afirmar que tudo o que uma empresa tem, faz e diz é expressão da identidade corporativa.

Apesar de tudo, não devemos nos enganar: a identidade corporativa de uma empresa é muito mais que seus logotipos, cores e símbolos. A identidade corporativa de uma empresa é sua carta de apresentação, sua cara frente ao público; dessa identidade dependerá a imagem que vamos formar dela.

Vamos agora mudar um pouco de assunto.

## A cultura empresarial

"A cultura constitui a base do funcionamento organizacional. É a fonte invisível onde estratégias, estruturas e sistemas adquirem sua energia", afirmam os especialistas em *marketing* Ivan Allaire e Mihaela E. Firsirotu.

Mas é um bom negócio propiciar uma boa cultura empresarial?

As empresas que se comprometem a desenvolver uma cultura empresarial responsável geralmente obtêm maior recompensa por seus esforços.

Não há a menor dúvida de que no momento atual, dada a conjuntura econômica, política e social que vivemos em nível mundial, generalizou-se a necessidade de melhorar a competitividade das empresas.

Mas o que se entende por cultura empresarial?

A cultura empresarial é o que identifica a forma de ser de uma empresa. Ela se manifesta na sua atuação frente aos problemas e oportunidades de gestão e adaptação às mudanças, assim como a requisitos de ordem externa e interna, que são interiorizados na forma de crenças e disposições coletivas, transmitidas e ensinadas aos novos membros como uma maneira de pensar, viver e agir.

Essas crenças básicas configuram a cultura empresarial e, impulsionadas e conduzidas pelas lideranças, definem a identidade desejada e operam como fatores de adaptação e transformação do ambiente exterior. Por outro lado, influenciam o desenvolvimento de mecanismos internos destinados a enfocar a gestão de uma forma própria e diferenciada da de outras empresas.

A cultura empresarial se expressa nos conteúdos anteriormente mencionados, no sentimento de pertinência, na flexibilidade para encontrar consenso nas metas comuns, na gestão integral da empresa com seus objetivos estratégicos e critérios de avaliação dos resultados.

A linguagem e as categorias conceituais próprias de cada cultura empresarial ou organização são essenciais para estabelecer um consenso a respeito dos limites da identidade como grupo e determinar as regras do jogo nas relações com as pessoas que pertencem ao grupo.

A organização configura em sua missão o conjunto de crenças sólidas que servem de premissas a todas as suas políticas e ações. Um dos fatores mais importantes do sucesso empresarial é a adesão de todo o corpo social a essas crenças. Estas suposições são impulsionadas pela liderança e têm como função definir a identidade buscada, a adaptação do grupo ao ambiente externo e a integração de seus processos internos para sua adequação e sobrevivência.

Se uma organização quer estar à altura dos desafios que lhe são colocados por um mundo em processo de mudança, deve estar preparada para mudar tudo o que for preciso ao longo de sua história empresarial.

Essa filosofia de empresa ou impulso fundamental tem muito mais peso que os recursos técnicos ou econômicos, já que estes, embora essenciais para o sucesso, são menos importantes que a firmeza com que as pessoas que integram a organização crêem em seus preceitos básicos e os cumprem.

As equipes de direção têm a responsabilidade de introduzir, comunicar e mobilizar seus membros na vivência efetiva de seus princípios, cabendo aos demais membros da empresa a responsabilidade de aplicar os conteúdos desses princípios em seus afazeres diários.

O sentimento de "propósito" perdura no tempo e tem que propor uma aspiração que dê sentido à empresa e/ou organização, tanto na realidade atual quanto, principalmente, na futura. Para orientar nossas ações para esse "propósito", precisamos fixar um marco que, sendo também o norte a longo prazo, nos situe em termos mais concretos de tempo e forma. É por isso que devemos formular a "missão".

A "missão" reúne de maneira sintética os objetivos de ordem superior. Traduz a abstração da filosofia incluída no "propósito" em um projeto tangível e incentivador, que faz a organização avançar e centra seus esforços. Estabelece, ao mesmo tempo, a expressão sincera dos desejos íntimos que as pessoas procuram realizar em seu trabalho.

Os "valores" constituem o núcleo de toda cultura empresarial, já que oferecem uma direção comum a todas as pessoas que compõem a empresa e diretrizes para seu trabalho diário. Os "valores" dos quais participamos definem o caráter fundamental da organização e criam nela um sentido de identidade.

As "políticas gerais" especificam as linhas globais de atuação da empresa em diversos âmbitos, normalmente relacionados com os "sistemas de gestão".

Essas políticas buscam alcançar os "objetivos básicos" assumindo os conteúdos formulados na "missão" por meio da aplicação das diretrizes da gestão estratégica; e constituem nossa resposta ao desafio competitivo do futuro.

O "propósito", a "missão", os "valores" e as "políticas" devem ser revistos periodicamente, para que se possa ratificar seus conteúdos e/ou adaptá-los aos desafios propostos por um mundo em contínuo processo de mudança. Para estar à altura dos desafios de um universo em que as idéias e os conhecimentos sofrem inovações com a celeridade do momento atual, devemos estar preparados para mudar dentro de nós tudo o que for preciso e transmitir essa necessidade de mudança ao resto da organização.

## Responsabilidade social das empresas

Dizia Goethe que "o comportamento é um espelho no qual cada um mostra sua imagem".

O que se entende por responsabilidade social das empresas?

Como sempre, dar uma definição precisa dessa expressão não é simples.

Considerando o que está estabelecido em diferentes áreas, poderíamos definir a responsabilidade empresarial como a integração voluntária das preocupações sociais e com o meio ambiente nas operações comerciais da empresa e nas suas relações com seus interlocutores.

Mas, num sentido mais amplo, poderia ser definida como o conceito com base no qual as empresas decidem voluntariamente contribuir para uma sociedade melhor e um meio ambiente mais limpo.

A expressão "responsabilidade social das empresas" refere-se na realidade, ao conjunto de obrigações e compromissos, legais e éticos, nacionais e internacionais, decorrentes do impacto que a atividade das empresas produz no meio social, laboral, ambiental e nos direitos humanos.

Do mesmo modo que antes as empresas desenvolviam sua atividade sem levar em conta o *marketing* ou não consideravam a qualidade como uma das metas principais da atuação empresarial, hoje elas estão cada vez mais conscientes da necessidade de incorporar as preocupações sociais, de trabalho, do meio ambiente e de direitos humanos à sua estratégia de negócio.

Um pouco de história.

O conceito de "responsabilidade social da empresa" (RSE), ou "responsabilidade social corporativa" (RSC), surgiu nos Estados Unidos em fins dos anos 1950 e princípios dos anos 1960, a partir da Guerra do Vietnã e de outros conflitos, como o Apartheid.

A partir de então, passou a despertar o interesse dos cidadãos, que começaram a acreditar que, trabalhando em determinadas empresas ou comprando certos produtos, estariam colaborando para a manutenção de determinados regimes políticos ou com certas práticas políticas ou econômicas eticamente censuráveis.

Conseqüentemente, a sociedade começou a pedir mudanças nos negócios e um maior envolvimento do ambiente empresarial nos problemas sociais.

Na Espanha, a responsabilidade social da empresa tem origem em fins da década de 1990.

Na Cúpula de Lisboa (março de 2000), a União Européia estabeleceu para a década seguinte o objetivo estratégico de se converter em "economia mais competitiva e dinâmica, baseada no conhecimento, capaz de crescimento econômico sustentado com mais e melhores empregos e maior coesão social", convocando pela primeira vez as empresas a assumir sua responsabilidade social.

Alguns meses depois, o Conselho Europeu de Feira entrou em acordo para iniciar um processo de diálogo europeu para a promoção da responsabilidade social corporativa.

Vamos deixar a história por enquanto.

Atualmente, os empresários estão cada vez mais convencidos de que o sucesso comercial e os benefícios duradouros para seus acionistas não são obtidos unicamente com a maximização dos benefícios a curto prazo, mas com um comportamento orientado pelo mercado, mas responsável.

A responsabilidade social da empresa representa atualmente um elemento de extrema importância na definição da estratégia empresarial de muitas companhias, corporações, multinacionais e grandes empresas em geral.

Mas, do mesmo modo, as pequenas e médias empresas deverão adaptar progressivamente em suas políticas de gestão diversas iniciativas voltadas para comunicar e desenvolver linhas de atuação para fomentar sua responsabilidade social.

Para a maioria das empresas, realizar uma gestão ótima da responsabilidade social supõe uma vantagem competitiva muito importante e um fator estratégico de sucesso empresarial. Trata-se, em resumo, de conjugar os objetivos econômicos, sociais e de meio ambiente, e conciliar, evidentemente, os fins que a empresa persegue com os da sociedade.

Portanto, a responsabilidade social é um movimento que conclama as empresas a se comportarem de uma forma socialmente responsável, isto é, desenvolvendo o ambiente no qual atuam, as empresas pretendem contribuir com a sociedade da qual obtêm benefícios.

Dessa forma, a responsabilidade social se assenta sobre três pilares fundamentais: 1) no fator econômico, pois a empresa tem que ser rentável e competitiva como qualquer outra; 2) no processo produtivo, o que implica respeito pelo meio ambiente e por seus trabalhadores; e 3) no ambiente social, propiciando o desenvolvimento das áreas em que se assenta.

Progressivamente, um maior número de empresas de todas as dimensões irá se somando a esse movimento, orientando suas operações para favorecer o crescimento econômico e aumentar sua competitividade, ao mesmo tempo que garantem a proteção do meio ambiente e fomentam a responsabilidade social.

# VI
# A FILOSOFIA E SEU DEVIR
## Dos epicuristas à filosofia medieval

O epicurismo, cujos ensinamentos se opõem aos dos estóicos, inspira-se, no entanto, no mesmo propósito: fazer o homem feliz, oferecer-lhe um estado livre de toda angústia, a ataraxia.

As doutrinas estóica e epicurista constituem dogmatismos rivais. É fácil opor o materialismo atomista dos epicuristas ao finalismo providencialista dos estóicos, a teoria epicurista do clinâmen à teoria estóica do destino, a moral epicurista do prazer prudente à moral estóica da vontade heróica. Assim, pois, nasce o ceticismo.

Em seu último período, a filosofia antiga já não tem sua capital em Atenas, a cidade grega por excelência; o centro do pensamento transferiu-se para Alexandria, cidade cosmopolita onde convivem egípcios, judeus, gregos e romanos. Alexandria era repleta de pensadores que dispunham de uma magnífica e admirável biblioteca, o que ajuda a compreender o caráter sincrético, ou sintético, da filosofia neoplatônica. Ao racionalismo lúcido dos gregos se unem, numa síntese muito original, os fervores do misticismo oriental.

A filosofia medieval é historicamente pouco conhecida, pelo fato de ser considerada, por um lado, um saber não estritamente racional a serviço da teologia, e por outro, um saber contaminado de racionalidade, devido a algumas atitudes religiosas que apareceram no Renascimento.

Mas as três grandes religiões monoteístas – cristianismo, islamismo e judaísmo – se encontraram com a filosofia, com as doutrinas das escolas filosóficas gregas, dando lugar a filosofias relacionadas com a fé religiosa. As filosofias medievais, que nunca foram independentes da fé, se relacionaram mutuamente, se depararam com problemas parecidos e os resolveram de forma análoga.

Não obstante, os quase novecentos anos abrangidos pelo período medieval da filosofia se centram na filosofia cristã, mais especificamente em uma de suas modalidades: a escolástica.

## Epicuro

Epicuro nasceu na ilha de Samos, em 341 a.C. Era filho de Neocles, professor de escola, e de Queréstrate, feiticeira e adivinha.

Era um menino inquieto. Matriculado pelo pai na escola pública, no primeiro dia de aula ouviu o professor dizer: "No início, surgiu o caos". "E ele surgiu de onde?", perguntou o jovem Epicuro. "Isso não podemos saber, é uma questão reservada aos filósofos", respondeu o professor. "Então, por que tenho que vir aqui? Para perder tempo? Vou agora mesmo ver os filósofos", replicou Epicuro.

Já em Atenas, ele funda uma escola, onde, junto com os prestigiosos Academia e Liceu, reúne um grupo de filósofos numa horta, que passa então a ser chamada de O Jardim.

A filosofia de Epicuro pode ser claramente dividida em três partes: 1) a canônica, que se ocupa dos critérios pelos quais chegamos a distinguir o verdadeiro do falso; 2) a física, o estudo da natureza; e 3) a ética, que implica a culminação do sistema e à qual se subordinam as duas primeiras partes.

É interessante o conceito de amizade em Epicuro. Para ele, a felicidade é dada pela conjunção de dois fatores: um, a ausência de preocupações (ataraxia), e o outro, o prazer (*hedon*) (principalmente intelectual, não carnal). "Cada manhã, a amizade percorre a terra para despertar os homens, de modo que possam fazer-se felizes reciprocamente", dizia.

## Sêneca

Lucio Anneo Sêneca nasceu em Córdoba no ano 4 a.C. Era filho do retórico Marco Anneo Sêneca, conhecido como Sêneca, o Retórico, de moral conservadora, que pertencia à ordem eqüestre; e de Hélvia Albina, de rica linhagem da cidade.

Teve formação excelente, mudando-se para Roma ainda criança. Brilhante advogado, refinado cortesão e milionário que predicava a austeridade, foi preceptor de Nero.

A vida de Sêneca parece estranhamente dissociada e até antagônica ao que ele propõe em seus escritos: diante da austeridade postulada em suas obras, sua enorme ambição o fez possuidor de uma das maiores fortunas do império, e não por meios lícitos. Embora pregasse uma vida simples de acordo com a natureza, preferiu viver na agitação da cidade e nas tarefas complicadas e artificiosas do governo.

Tampouco seguiu sua proposta ética de viver de modo feliz segundo a virtude, dominando as paixões, fomentando a temperança, a compaixão para com o inimigo e a generosidade na clemência. Nada disso ele pôs em prática em seus afazeres políticos, sendo cúmplice de crimes, adulador servil dos imperadores e inimigo impassível de seus opositores.

Tudo isso nos leva a perguntar se, como filósofo, Sêneca foi um impostor oportunista, ou se, ao contrário, em seu trabalho político precisou se ater a uma dura realidade, que suportou "estoicamente" para frear as tendências despóticas dos imperadores.

O que parece certo é que nos encontramos diante de um homem dividido entre teoria e prática.

Mas não resta dúvida de que Sêneca foi um dos mais influentes filósofos da época, o máximo representante em Roma do "novo estoicismo", que se caracterizou por manter o interesse nas questões éticas e antropológicas, realizando uma filosofia que servisse de guia para a vida, que estabelecesse uma série de "normas" para viver de acordo com a natureza e a inexorável lei da providência.

Sêneca sustentava que era preciso educar para a vida. É célebre sua frase: "Aprendemos para a vida, e não para a escola". Propunha que o ensino e a educação tivessem uma finalidade prática. Por um lado, deviam formar profissionais que aprendessem a exercer com competência um ofício, e por outro, formar cidadãos que aprendessem a conviver, participando com proveito da vida social.

Sêneca também propõe uma mudança de método. Não interessa tanto encher a cabeça com muitos conhecimentos, mas formá-la com equilíbrio, ordem e prudência, de acordo com a virtude. E, para o filósofo, viver de acordo com a virtude tem três características: 1) viver com coerência, que consiste na unidade entre o pensamento e a conduta; 2) viver com autenticidade e fidelidade a si mesmo e à própria vocação; e 3) viver para a solidariedade na vida social.

## Cícero

Marco Túlio Cícero nasceu em Arpino, sul de Roma, no ano 106 a.C., no seio de uma família da ordem eqüestre. Seu avô, de mesmo nome, foi um cidadão romano de destaque. Seu pai, J. C. Marco Túlio Cícero, instruiu-o em leis e ao morrer deixou-lhe grande fortuna.

Na realidade, Cícero é um sobrenome que deriva de *cicer*, "grão-de-bico", originado, segundo alguns, no fato de sua família (a família Túlia de Arpino) se dedicar ao cultivo de grão-de-bico, e, segundo outros, de ele ter uma verruga no nariz.

Seus contemporâneos o descrevem como um homem vaidoso, provocador e sempre disposto a ridicularizar seus adversários.

Apaixonado pela política, foi advogado, pretor e cônsul, vivendo numa das épocas mais turbulentas e sangrentas da história de Roma, tanto assim que acabou morrendo durante os tumultos que se seguiram à morte de Júlio César.

Como político foi um homem de ação, como escritor seguiu a senda da filosofia e como advogado se converteu num moralista investido pela tradição e dedicado à sua defesa.

Em sua obra, destacam-se as *Cartas*, das quais se conservam mais de novecentas e que refletem a verdadeira personalidade de Cícero; a *Retórica*, sobre a qual escreveu vários tratados, nos quais faz uma compilação de todos os conhecimentos que havia adquirido no estudo da retórica grega e da oratória romana, além dos que extraiu de sua experiência pessoal como advogado e estadista; e os *Discursos*, nos quais pôs em prática seus princípios sobre retórica, que foram, conforme o caso, judiciais ou políticos (são famosas as *Catilinárias* e as *Filípicas*).

Na área filosófica, o diálogo-tratado de Cícero constitui um gênero novo, que mescla a forma aristotélica e a ambientação de origem platônica, e cujo conteúdo aproveita elementos epicuristas, estóicos, peripatéticos e neo-academicistas para criar algo novo, que transcenderia o mundo ocidental na forma de espírito humanista.

Foi o próprio Cícero que cunhou o termo *humanitas*, assim como muitas outras expressões do campo da filosofia.

Sua teoria sobre a moralidade seria usada sem reparos por Otávio Augusto na campanha propagandística que levou a cabo, e Santo Agostinho diz que a leitura do *Hortênsio* o fez converter-se ao cristianismo.

## Agostinho de Hipona

"Conhece-te, aceita-te, supera-te". Esta frase de Santo Agostinho manifesta a personalidade deste bispo, filósofo e pai da Igreja.

Agostinho nasceu no ano 354 da nossa era em Tagaste, pequena cidade da Numídia, norte da África. Seu pai, Patrício, era ainda pagão quando o filho nasceu, e sua mãe, cristã, foi Santa Mônica. Mônica ensinou-lhe os princípios básicos da religião cristã e, ao ver que o jovem Agostinho se afastava do caminho do cristianismo, entregou-se à oração constante em meio a grande sofrimento. Anos mais tarde, Agostinho se confessará "filho das lágrimas de sua mãe".

*Confissões* é a obra mais famosa de Agostinho, na qual ele nos narra sua vida, sua formação, sua evolução interior, nos fala da psicologia, da filosofia, de seu conceito de Deus e de sua visão de mundo.

Entre suas obras filosóficas, destacam-se os *Diálogos*, de sua juventude, nos quais trata da certeza, felicidade, ordem, imortalidade, grandeza da alma, existência de Deus, liberdade do homem, a razão do mal e o mestre interior, e *A cidade de Deus*, de sua fase madura, na qual nos oferece uma síntese de seu pensamento filosófico, teológico e político.

A filosofia agostiniana centra-se em dois temas essenciais: Deus e o homem. Para chegar à mente de Deus, primeiro temos que perguntar ao mundo, depois voltar-nos para dentro e por último transcender; e, quanto ao homem, Agostinho explora seu mistério, sua natureza, sua espiritualidade e sua liberdade.

Agostinho defendeu a liberdade e a existência de uma só alma e uma só vontade: "Era eu mesmo quem queria, eu quem não queria; eu era eu", dizia.

Aos grandes problemas do ser, conhecer e amar, deu três soluções, que são a criação, a iluminação e a sabedoria ou felicidade. A criação explica o problema da origem das coisas, partindo de que Deus criou todas as coisas do nada; a iluminação é "uma participação do Verbo, isto é, da vida que é luz dos homens"; e a felicidade é o gozo da verdade: não pode ser feliz quem não possui o que ama, mas feliz é apenas quem possui tudo o que quer e não quer nada mau.

Como vimos ao falar de Platão, os neoplatônicos renascentistas cunharam o termo "amor romântico" para definir o amor idealizado, que considera que os sentidos não são capazes de perceber toda a perfeição do ser amado, e por isso temos de nos guiar pelos olhos da alma, que nos colocam em contato com a própria essência, com o amor por excelência.

Santo Agostinho identificou esse amor com Deus, isto é, personificou a idéia do amor, dando-lhe filosofia e beleza poética. "Tarde te amei, beleza tão antiga e tão nova, tarde te amei. E eis que tu estavas dentro e eu fora", dizia.

## Averróis

"Há quatro coisas que não podem ser ocultadas por muito tempo: a ciência e a estupidez, a riqueza e a pobreza", assim opinava Averróis.

Latinização do nome árabe Ibn Rushd, Averróis é o nome pelo qual conhecemos, na tradição ocidental, Abul Wabid Muhammed ibn Ahmad ben Muhammed Hafid ibn Rushd. Ele nasceu em Córdoba no ano de 1126, numa família de estudiosos do direito: seu avô foi juiz principal de Córdoba sob o regime dos almorávidas, seu pai manteve a mesma posição até a chegada da dinastia almôada, e o próprio Averróis foi nomeado juiz em Sevilha, servindo nos tribunais dessa cidade e nos de Córdoba e Marrocos durante sua carreira.

Seus conhecimentos abrangiam diversos campos do saber: filosofia, teologia, direito, matemática, astronomia, física, medicina, poesia.

Escreveu comentários sobre a obra de Aristóteles, razão pela qual ficou conhecido como "o Comentador". Suas obras são, em sua grande maioria, comentários, explicações e críticas de interpretações de filósofos anteriores, como as de Avicena sobre as obras do Estagirita. Pretende com isso devolver à filosofia aristotélica sua pureza, que havia ficado turvada por interpretações carregadas de platonismo. Averróis sabia que essa tarefa não seria fácil, porque devolver ao aristotelismo sua pureza era deixar em aberto afirmações muito difíceis de conciliar com a fé.

Ele retoma a definição aristotélica de metafísica como ciência do ser enquanto ser. E entende por "ser" a substância que é, a coisa individual, e mais ainda o que determina a coisa real a ser o que é. Todo ser é substância ou acidente de uma substância. Não se propõe separadamente o problema da existência, e muito menos a considera como um acidente, como faz Avicena.

Tudo aquilo que se move é movido por um motor. E na série de motores, que por sua vez são movidos por outro, não podemos remontar ao infinito. Portanto, podemos afirmar que existe um primeiro motor, um fim último desejado por todos os demais seres, que é Deus.

Quanto ao conhecimento, Averróis sustenta que tanto o intelecto agente quanto o passivo são uma substância separada, comum a todos os homens. A imortalidade do homem não pode se basear na sua condição de substância inteligível, porque não o é. Esse argumento valeria para o intelecto, mas este é comum a todos os homens e não pertence ao indivíduo; não é sequer sua forma substancial.

Averróis não aceitava que a criação tivesse acontecido no tempo e afirmava a eternidade do mundo, sem princípio temporal.

## Maimônides

Rabbi Moses ben Maymun, Maimônides, nasceu em Córdoba em 1135, onde contou com excelentes mestres hebreus e muçulmanos.

Quando Córdoba foi conquistada pelos almôadas, que impuseram o islamismo a cristãos e judeus, sua família decidiu ir embora, primeiro para outras regiões da atual Espanha e depois para o norte da África. Maimônides chegou a simular adesão ao islamismo, mas nunca abandonou sua fé.

Maimônides foi filósofo, médico, rabino e intérprete da lei hebraica. Em suas obras mostra o esforço de harmonizar fé e razão, religião e filosofia, especialmente em sua obra principal, *Guia dos perplexos* (os "crentes" que, por terem representações antropomórficas de suas crenças, não conseguem harmonizar sua fé com a filosofia), que constitui, segundo o filósofo francês especialista em temas medievais Étienne Gilson, "uma verdadeira suma de teologia escolástica judaica".

Maimônides sustenta que, se interpretarmos alegoricamente os textos da Escritura, a fé e a razão não se opõem. A ciência das Escrituras e a filosofia são conhecimentos de natureza distinta, mas necessariamente se conciliam. Sua fonte filosófica principal é Aristóteles, que ele conheceu através de Avicena e Averróis. De qualquer modo, opõe-se ao Estagirita na afirmação de que sua filosofia é irreconciliável com a fé, assim como na sua concepção da eternidade do mundo, oposta ao criacionismo bíblico.

Como irá fazer mais adiante Tomás de Aquino, sobre quem Maimônides exerceu notável influência, ele afirma a possibilidade de demonstrar a existência de Deus valendo-se da idéia aristotélica do "motor imóvel".

Admite a existência de dez inteligências puras, imateriais. Nove delas presidem o movimento das esferas celestes, e a restante é o intelecto agente, que exerce sua influência sobre todos os homens. O homem só possui o intelecto passivo e necessita do intelecto agente para conhecer.

## Tomás de Aquino

São Tomás de Aquino nasceu no castelo de Rocaseca, perto de Aquino, Nápoles, em 1225. Caçula dos doze filhos do conde Landulf de Aquino, estudou com os beneditinos no Mosteiro de Montecasino, na Universidade de Nápoles e com Santo Alberto Magno em Colônia (Alemanha). Foi declarado doutor da Igreja e patrono das universidades e centros de estudo.

Sua obra mestra é a *Suma teológica,* que, fundamentada nas Sagradas Escrituras, na filosofia, na teologia e na doutrina dos santos, explica todos os ensinamentos católicos. A importância desta obra é enorme. O Concílio de Trento contava com três livros de consulta principais: a Bíblia sagrada, os decretos dos papas e a *Suma teológica* de São Tomás.

Nela, ele enumera cinco vias para demonstrar a existência de Deus:

A primeira via, "motor imóvel", também chamada "argumento do movimento", foi formulada primeiro por Aristóteles, mas depois São Tomás a incorporou à sua metafísica do ser.

A segunda, "via das causas eficientes", parte da evidência da causalidade eficiente deste mundo. Assim, tudo o que existe foi produzido por outra coisa, isto é, tudo é causado. Mas, como não é possível seguir indefinidamente esta cadeia, deve existir algo que seja incausado.

Na terceira via, a "via dos seres contingentes", também chamada "argumento da limitação na duração", afirma que há coisas que existem e deixam de existir num momento determinado. Estas coisas são chamadas contingentes.

A quarta via, "via dos graus de perfeição", parte do fato de que existe uma hierarquia de valores. De fato, existem coisas melhores e piores, melhores e mais verdadeiras que outras.

A quinta via, "via da ordem no mundo", também chamada "argumento da finalidade interna dos seres naturais", parte da finalidade que têm as coisas na natureza.

São Tomás também conseguiu introduzir a filosofia de Aristóteles nas universidades.

Seguindo a teoria da dupla verdade e interpretando Aristóteles, os averroístas sustentavam que a alma, já que individual, não era imortal. A imortalidade pertence unicamente ao intelecto, que é impessoal e idêntico nos diferentes seres intelectuais.

Por ser contrário à doutrina católica, Aristóteles tinha má reputação em Roma. São Tomás se esforçou para desfazer o mal causado por uma interpretação excessivamente fiel às doutrinas árabes que tinham traduzido Aristóteles.

Para isso, contava com escritos originais em grego proporcionados por Guilherme de Moerbeke, que lhe permitiram um conhecimento realmente profundo do filósofo. Portanto, aceitou o genuíno Aristóteles e desaprovou o platonismo, inclusive tal como aparece em Santo Agostinho.

Finalmente, convenceu a Igreja Católica de que o aristotelismo era preferível ao platonismo como fundamento da filosofia cristã, já que os muçulmanos e averroístas tinham interpretado mal Aristóteles.

## Erasmo de Roterdã

Desidério Erasmo de Roterdã, originalmente chamado Geert Geertsz, nasceu em Gonda, perto de Roterdã, por volta de 1469. Recebeu uma boa educação, impregnada pelo estudo das *bonae litterae*, isto é, da literatura e das línguas greco-latinas próprias do humanismo renascentista, movimento do qual foi um dos maiores e mais refinados representantes.

Órfão aos 14 anos, ingressou sem vocação no convento dos agostinhos de Steyn, perto de Guda, sendo ordenado sacerdote no mesmo ano em que Colombo chegava à América. Posteriormente, o papa Júlio II o dispensaria dos votos.

Seu livro mais popular, *Moriae encomium* (*Elogio da loucura*), está escrita como um jogo divertido e é dedicada a seu amigo Thomas Morus, cujo sobrenome curiosamente provém da palavra latina *moria*, isto é, loucura. A obra tem o pano de fundo sério próprio dos bufões, os únicos que tinham permissão de ventilar com franqueza as grandes verdades e desmascarar, com o riso, os piores defeitos.

O *Elogio da loucura* é uma engenhosa crítica da sociedade da época, na qual todas as classes sociais são analisadas sem piedade pela Loucura, que é quem narra o relato. Sua sátira mordaz não poupa ninguém: reis, papas, camponeses, nobres, mulheres, monges – ninguém escapa do domínio da loucura, a *stultitia*, a estupidez.

O luteranismo avançou furiosamente em toda a Europa no ano seguinte ao da publicação da edição crítica do Novo Testamento greco-latino de Erasmo, o que o colocou numa difícil situação de exposição pública. Lutero não se privou em absoluto de proclamar aos quatro ventos que o trabalho de Erasmo o tinha ajudado a ver a verdade, e com isso o olhar da Igreja começou a se deslocar alternativamente do reformador para o tradutor, que supostamente havia dado o passo inicial da Reforma.

Ao longo de toda a sua vida, Erasmo havia sido conseqüente em suas críticas aos poderes clericais e ao mau uso que os maus religiosos faziam deles, e portanto essa situação não era fácil para ele. O conflito entre a Igreja e a Reforma tornou-se evidente para todo o mundo, e ambos os lados exigiram que aqueles que ainda não haviam tomado partido na polêmica escolhessem imediatamente um lado. E isso foi exigido também de Erasmo.

O que nem Lutero nem o papado compreendiam era que, na mentalidade individualista do sábio, alinhar-se com católicos ou protestantes era-lhe igualmente repugnante. Ele não estava disposto a colaborar com nenhum dos dois movimentos, porque colocava acima de tudo sua liberdade de pensamento e sua independência individual e intelectual.

Lutero começou a pressionar Erasmo para que se apresentasse como a face visível da Reforma, o que o holandês se negou terminantemente a fazer. O papa tentou o mesmo. A negativa de trabalhar para qualquer dos lados foi interpretada por ambos como covardia e deslealdade. A Igreja acusou-o com uma frase célebre: "O senhor pôs o ovo e Lutero o chocou", que o teólogo retrucou com a não menos conhecida ironia: "Sim, mas eu esperava que saísse uma ave de outra classe".

Erasmo foi o maior humanista do Renascimento e sem dúvida o escritor mais elegante e agudo do seu tempo. Homem essencialmente de letras, sua doutrina deu origem ao movimento erasmista. Com a mente aberta a todas as questões, foi um erudito engenhoso, precursor do espírito moderno. Seu ideal foi unicamente ético: reforma gradual e pacífica da Igreja e da sociedade civil até conseguir uma sociedade humanizada, na qual o homem pudesse se desenvolver ao máximo.

Erasmo foi homenageado pela posteridade inumeráveis vezes. Existem inúmeras escolas, colégios e universidades que levam seu nome, a começar pela Universidade de Roterdã.

A Rede da Comunidade Européia para Intercâmbios Acadêmicos leva também o nome de "Erasmus".

## Thomas Morus

Thomas Morus nasceu em Londres em 1478, no seio de uma família honorável, numa época de transição entre a Idade Média e o Renascimento. Seu pai, sir John Morus, trabalhou no Alto Tribunal Judicial, cargo que o filho herdaria mais tarde, depois de ter sido entregue como aluno aos cuidados do cardeal e arcebispo John Morton, chanceler de Henrique VIII. Encarcerado por se opor ao anglicanismo, foi decapitado um ano mais tarde.

Apesar de sua profícua atividade como escritor e tradutor, não há dúvida de que a *Utopia* é sua obra mais importante e influente, na qual se coloca o problema da legitimidade e da fundamentação do poder, e que inaugura o pensamento político moderno.

A *Utopia* está dividida em duas partes. Na primeira, escrita depois da segunda, ele faz uma enérgica crítica da situação política e social da Europa, centrando-se especialmente na Inglaterra de meados do século XVI. Na segunda, descreve a ilha dos utópicos: uma comunidade de trabalhadores que, governados pelos mais sábios, age com vistas ao bem comum. Nela não existe propriedade privada, todos produzem, participam e desfrutam dos bens, o que faz desaparecer a miséria, as revoltas e revoluções dela decorrentes.

A *Utopia*, termo cunhado por Thomas Morus, designa um "não-lugar" ou um "lugar localizado em lugar nenhum", pois se trata de um ideal, um horizonte futuro, embora razoavelmente possível e realizável por meio da práxis política.

Mas a *Utopia* não é uma fábula, nem um mero divertimento literário do autor. É o limite que se deve ter presente em nosso olhar se queremos construir um mundo do qual todos os males (morais, políticos, religiosos) sejam completamente erradicados.

São Thomas Morus foi declarado patrono dos governantes e dos políticos por João Paulo II.

# VII
# SEJA VOCÊ MESMO
## (A UNIDADE: dimensão espiritual)

"Nas coisas necessárias, unidade; nas coisas duvidosas, liberdade; em todas as coisas, caridade", não se cansava de dizer o filósofo e ministro puritano Richard Baxter.

O quarto pilar que, no início desta obra, afirmei ser necessário fortalecer, é a unidade.

Essa dimensão universal da experiência humana, esse aspecto da nossa natureza, é a dimensão espiritual, que aspira à unidade espiritual.

Vamos filosofar um pouco.

Neste início de milênio, a perda de valores está conduzindo a chamada "cultura ocidental" a um estado de profunda crise.

Nossa sobrevivência encontra-se ameaçada, não só pela corrida armamentista, mas por nossa falta de sabedoria e vontade de resolver uma imensa série de problemas críticos que o ser humano enfrenta hoje.

E, no entanto, a solução existe. Uma das grandes idéias intuitivas do nosso tempo é a da interdependência e inter-relação de todas as vidas. Milhões de pessoas compartilham hoje a convicção da unidade espiritual da família humana, que transcende qualquer diferença de raça, nação ou credo.

Ao manifestarem essa convicção em sua vida, homens e mulheres de boa vontade do mundo todo tornam-se participantes de um processo de transformação planetária.

Os problemas mundiais foram criados pela humanidade, e cabe a ela solucioná-los. Mas a essência da vida espiritual está em saber que não estamos sós.

De novo, vamos pôr os pés no chão.

Se você disser a um homem de empresa que a unidade espiritual é um pilar para fortalecer sua empresa, ele vai achar que você está louco, pois este é último aspecto que ele levaria em conta.

Provavelmente, se tivesse lido Sócrates ou assistido a algum desses "Sócrates cafés" tão difundidos nos Estados Unidos, não pensaria do mesmo jeito. Sócrates dizia que, "quanto menos importantes são as coisas, mais falamos delas, e, quanto mais importantes, menos pensamos e falamos sobre elas".

Pensar e falar a respeito da dimensão espiritual do trabalho é fundamental.

O empresário, como qualquer ser humano, tem necessidades espirituais a serem satisfeitas e nutridas no dia-a-dia. Assistir a cultos religiosos ou rezar solitariamente não é suficiente para preencher as exigências mais profundas do espírito humano. É preciso algo mais.

Não obstante, também há necessidades espirituais a serem atendidas em nosso trabalho diário, porque o trabalho só pode ser satisfatório se contribuir não somente para atender nossas necessidades materiais e humanas, mas também para satisfazer nossas exigências espirituais mais básicas.

No entanto, não vamos nos confundir em relação às afirmações anteriores. Quando me refiro a questões espirituais, não falo exclusivamente de questões religiosas, que também estão presentes, mas da dimensão espiritual de nossa vida: a espiritualidade.

O que é espiritualidade?

A espiritualidade é a forma na qual encontramos significado, esperança, alívio e paz interior em nossa vida. Muitas pessoas encontram espiritualidade por meio da religião. Outras a encontram na música, na arte ou na conexão com a natureza. E alguns a encontram em seus valores e princípios.

A espiritualidade é a essência do ser. A espiritualidade é o que move uma pessoa a procurar significado em sua vida. A espiritualidade deve ser entendida como a convicção profunda de que a existência tem um valor e um sentido.

A religião se refere mais ao conjunto de dogmas, doutrinas e rituais que servem de base a um modelo de relação espiritual.

Portanto, a espiritualidade é um modo de viver. Além disso, por sua própria natureza, é uma forma de viver em relação a si mesmo (dimensão pessoal), aos demais (dimensão social), à natureza (dimensão ecológica) e, dos crentes, em relação a quem chamamos de Deus (dimensão teológica).

Então, a espiritualidade tem diversas dimensões e múltiplas manifestações, sempre relacionadas à nossa história pessoal, nossa cultura e nossas experiências individuais e/ou comunitárias. Existem pessoas com uma profunda espiritualidade – tal como a entendemos aqui – vivida fora do âmbito religioso.

Não lembro quem disse que a espiritualidade trata, fundamentalmente, de duas coisas: a profundidade e a conectividade. Concordo plenamente. Quanto mais a pessoa está desenvolvida espiritualmente, mais e melhor verá o sentido e o significado profundo das coisas sob o aspecto superficial que elas apresentam. Mais difícil será para ela confundir as aparências ilusórias e tomá-las por realidades.

Para esclarecer isso, vou relatar uma célebre passagem conhecida como *o* mito da caverna, com a qual Platão começa o capítulo VI da *República* para explicar alegoricamente a situação do homem em relação ao conhecimento.

Platão nos pede para imaginar homens numa caverna subterrânea, cuja entrada, uma ampla abertura, deixa entrar luz. Nela estão os homens desde a infância, geração após geração, com as pernas e o pescoço algemados, de modo que têm que permanecer no mesmo lugar e ver apenas aquilo que têm à sua frente, impossibilitados que estão de girar a cabeça. Lá fora, atrás deles, uma grande fogueira arde à distância, e entre o fogo e os cativos há um caminho elevado. Ao longo deste caminho há uma mureta, semelhante ao anteparo dos teatros de marionetes, acima do qual os manipuladores movimentam seus fantoches.

Por esse caminho homens transportam figuras humanas e animais trabalhadas em pedra e em madeira, que aparecem acima da mureta. Desses carregadores que desfilam, alguns, como é natural, estarão falando, enquanto outros estão calados.

Dentro da caverna, os prisioneiros só vêem as sombras projetadas na parede, mas as tomam por realidades. A ilusão consiste, justamente, em que aqueles que ali se encontram pensam que a única realidade verdadeira são as sombras dos objetos projetados.

Assim, nem mais, nem menos. Por não terem termo de comparação, não podem conceber realidade diferente, nem acreditar que exista outra vida diferente da que levam.

Por tudo isso, tanto pela falta de termo de comparação, quanto porque é da natureza da condição humana, da qual a caverna é uma imagem, tentar lidar com qualquer situação e levá-la da melhor maneira possível, os homens da caverna acabam por sentir-se até certo ponto contentes com sua sorte e tentam organizar sua coexistência forçada da melhor maneira.

Com sua fina percepção da natureza humana, Platão não nos mostra esses homens gemendo e chorando, mas dedicados conscientemente a uma singular atividade, a única a seu alcance: identificar com toda a exatidão as sombras que desfilam e sua ordem de sucessão, a fim de poder prever, com toda a exatidão também, quando voltarão a passar estas ou aquelas.

Dessa atividade fazem um certame regular, e se envolvem tanto nele que, segundo nos diz Platão, outorgam prêmios, recompensas e honrarias aos mais hábeis nessa arte da identificação e da predição.

Dizer que os cativos estão mais ou menos contentes com sua situação é dizer pouco. Estão tão à vontade que, quando um deles é resgatado do antro e volta para contar aos antigos companheiros de cativeiro suas novas experiências ao ar livre, sob o sol e em liberdade (tentando fazer-lhes ver como é lamentável sua condição), os demais se enfurecem e acabam matando seu espontâneo redentor quando ele se mostra solícito a ponto de libertá-los de suas algemas. (Esta passagem costuma ser vista como uma clara alusão ao julgamento e morte de Sócrates, que tentou em vão levar seus cidadãos das trevas para a luz.)

Não é possível conceber uma miséria maior que a desses infelizes, não tanto por sua tortura física, mas por seu total abatimento intelectual e moral.

O mais terrível, no entanto, para nós, é que esses prisioneiros "são semelhantes a nós", ou, dito de outro modo, nossa vida, a do homem comum, se parece em todos os aspectos com a deles, inclusive no fato de não percebermos nossa infelicidade, como eles tampouco percebem a deles.

Com isso, estamos passando do sentido literal da caverna para seu sentido alegórico, expressa e prolixamente declarado pelo próprio Platão, não como algo que lhe viesse à mente de repente no transcurso do diálogo, *calamo currente*, mas como algo longamente meditado antes de ser escrito.

Platão deve ter conhecido uma caverna muito semelhante à que nos retrata nas chamadas latomias de Siracusa, que até hoje podem ser vistas, e que eram galerias subterrâneas escavadas nas pedreiras para a extração de pedras. Nelas, os mineiros trabalhavam à luz de uma fogueira acesa atrás deles, que podiam, portanto, ver as próprias sombras, assim como as de seus capatazes, refletidas nas paredes do fundo.

Com pequenas variantes, eram essas latomias exatamente como a caverna da *República*, e o confinamento nelas um suplício dos piores, tanto antes quanto depois da conquista romana. Ir às minas de qualquer espécie (*ad metalla*) era a pior sentença de condenação para os ouvidos do réu. Por último, não deixa de ser provável, embora já não tanto, que Platão tivesse experimentado tudo isso na própria carne numa de suas infelizes viagens a Siracusa.

Um dos grandes problemas de nosso tempo é que um número excessivo de líderes políticos e empresariais está preso na caverna de Platão. Ocupados em tomar sombras por realidades, não conseguem ver a verdadeira luz para encontrar a saída.

Se nossos dirigentes políticos e empresariais se tornassem filósofos, descobririam que necessitam da verdade e, com coragem e persistência, trariam perspectivas mais profundas para a nossa vida e nossas organizações.

A espiritualidade é, portanto, uma questão de profundidade, a profundidade que está sob a superfície, o sentido e o significado que nem sempre saltam à vista. É uma questão de se conectar com uma fonte de energia pessoal e de esperança positiva que só se encontra fora da caverna.

No trabalho, a capacidade que tem cada um de ver e fazer o trabalho real normalmente não se reflete na descrição oficial das funções. E é a capacidade de ensinar aos outros essa profundidade extra que talvez eles não saibam perceber.

Executivos, gestores ou supervisores devem levar sempre em conta certas previsões: de um lado, a crescente necessidade de ajudar as pessoas que nos rodeiam, e, de outro, ter essa visão mais profunda de seu trabalho individual, assim como do que a empresa ou a organização em seu conjunto estão fazendo no mundo.

E, é claro, gestores e executivos serão incapazes de transmitir tais coisas se não as sentirem primeiro. É este, justamente, o problema de muitas empresas.

Quanto mais acima uma pessoa está numa organização, mais tentações existem para fazê-lo perder de vista o significado espiritual dos fatos e voltar-se para o jogo de cifras e prestígio que todos aprendemos a colocar em prática.

## A coerência

O núcleo da espiritualidade é a coerência.

Coerência é o valor que nos torna pessoas coesas, que atuam sempre de acordo com seus princípios.

Coerência é, também, a conduta correta que sempre devemos manter, baseada nos princípios familiares, sociais e religiosos aprendidos ao longo de nossa vida.

Com esse valor, somos capazes de cumprir com maior eficácia nossas obrigações, pois é preciso ser honesto e responsável; em nossas relações pessoais, ele é indispensável para sermos sinceros, confiáveis e exercermos uma liderança positiva; para nossa pessoa, é um meio que fortalece o caráter e desenvolve a prudência, com um comportamento verdadeiramente autêntico. E em nossas empresas?

Em primeira instância, a dificuldade de viver esse valor é que somos muito suscetíveis à influência das pessoas e lugares que freqüentamos; por medo de que nos façam calar, evitamos contradizer a opinião equivocada ou fazemos o possível para nos comportarmos conforme o ambiente e não ficar mal com ninguém.

Não podemos formar nosso critério e caráter se somos incapazes de defender os princípios que regem nossa vida. O melhor é manter-nos firmes, mesmo à custa do cargo, opinião ou amizade que aparentemente estiver em jogo.

Ao dissimular diante dos negócios pouco transparentes que acontecem numa empresa ou diante da infidelidade de nossos amigos em relação aos seus parceiros, por exemplo, devemos ter a coragem de superar o temor de sermos apontados como esquisitos, antiquados ou retrógrados, porque um caráter fraco inspira pouco respeito, e assim jamais conseguiremos demonstrar a importância de viver de acordo com princípios e valores.

Podemos supor que agir de acordo com nossas convicções seja suficiente para ser coerente, mas existe o risco de adotarmos uma atitude do tipo "sou assim e ponto final". Efetivamente, a coerência exige essa firmeza e essa postura, mas é necessário um critério bem formado para não cair na obstinação.

Tudo indica que em algumas horas exigimos coerência dos demais: receber um salário justo, contar com a colaboração dos colegas de trabalho, ser alvo de atenções em casa, contar com a lealdade e a ajuda dos amigos. Mas isso deve levar-nos a refletir se estamos trabalhando com intensidade e em equipe, se correspondemos aos cuidados que recebemos em casa, se somos leais e verdadeiros amigos de nossos amigos.

Devemos sempre estar conscientes de que a coerência é, até certo ponto, flexível. Por um lado, é aprender a calar e ceder nas coisas sem importância; mas, quando o prestígio e a segurança das pessoas, a unidade familiar ou a estabilidade social estão em jogo, temos a obrigação de enfrentar a situação para evitar um dano aos direitos dos outros. Este é o motivo pelo qual o exercício da prudência é determinante para saber agir acertadamente em qualquer circunstância.

O que é preciso para ser coerente: vontade ou conhecimento dos valores?

Em sentido estrito, ambos. Vontade para superar o receio de sermos "diferentes" com o desejo implícito de sermos melhores e ajudar os outros a formar valores em sua vida. Com o conhecimento, fortalecemos nossos princípios, descobrimos seu verdadeiro sentido e sua finalidade, o que necessariamente nos leva a exercitar os valores e a vivê-los de maneira natural.

A experiência mostra que vivemos com maior tranqüilidade, que nossas decisões são mais firmes, quando nos comportamos da mesma maneira, e, a longo prazo, todos aqueles que alguma vez zombaram de nossos princípios terminam reconhecendo e apreciando a integridade da nossa pessoa.

Por esse motivo, a coerência de vida aumenta nosso prestígio pessoal, profissional e moral, o que garante a estima, o respeito e a confiança dos demais.

## A individualidade

O objetivo de nossa vida é expressar e desenvolver nossa individualidade tão completamente quanto possível.

Existem muitos tipos de revoluções: políticas, econômicas, industriais, científicas, artísticas e outras. Mas, por mais que mudem os fatores externos, o mundo nunca irá melhorar enquanto as pessoas permanecerem egoístas e apáticas.

Como disse John F. Kennedy em 1963: "Nossos problemas foram criados pelo homem; portanto, podem ser resolvidos pelo homem. E o homem pode ser tão grande quanto quiser".

Uma mudança interna positiva em apenas uma pessoa é a essencial volta no parafuso para tornar a raça humana mais forte e sábia. Essa revolução humana é, acredito, a mais fundamental e vital de todas as revoluções. É uma revolução (um processo interno de auto-reforma) completamente pacífica e livre de derramamento de sangue. Nela todos ganham e não há vítimas.

A vida é uma luta de cada um consigo mesmo: é um intenso combate entre avançar e retroceder, entre a felicidade a infelicidade. Estamos mudando constantemente, mas o importante é saber se estamos mudando para bem ou para mal, se conseguimos ampliar nossa estreita visão autocentrada e assumir uma visão mais ampla.

Todos os dias enfrentamos incontáveis situações nas quais temos que fazer escolhas ou tomar decisões. Precisamos decidir que caminho seguir a fim de nos sentirmos bem e nos tornarmos indivíduos melhores, de espírito generoso.

Se nos permitirmos ser governados pela força do hábito, isto é, reagir da mesma maneira que sempre fizemos a uma determinada situação, seremos arrastados pelo caminho do menor esforço e nosso crescimento pessoal irá estagnar.

Mas, se conseguimos nos desafiar nesse nível fundamental, podemos deixar de ser pessoas golpeadas pelo ambiente ou pelos que nos cercam e nos tornarmos alguém capaz de influenciar positivamente seu ambiente. Na realidade, criamos a forma única de nossa vida por meio das infinitas escolhas que realizamos todos os dias.

A individualidade e o caráter verdadeiros nunca chegam a florescer completamente sem um árduo trabalho. É um erro pensar que quem somos atualmente é a representação de tudo o que somos capazes de ser. Se uma pessoa passivamente decide: "Sou uma pessoas calada, de modo que vou passar pela vida calada", nunca poderá desenvolver plenamente seu potencial único.

Sem precisar mudar nosso caráter completamente, podemos nos converter numa pessoa que, mesmo sendo em essência calada, será capaz de dizer a coisa certa na hora certa, com verdadeira convicção. Da mesma forma, a tendência à impaciência pode ser transformada numa realidade útil para conseguir que as coisas sejam feitas de modo rápido e eficiente.

Mas nada é mais imediato, ou mais difícil, que uma pessoa se confrontar ou se transformar. Sempre é tentador decidir: "Este é o tipo de pessoa que eu sou". A menos que desafiemos essa tendência bem cedo na vida, ela se tornará mais forte com a idade. Mas acho que o esforço vale a pena, porque nada produz uma satisfação mais profunda do que desafiar com sucesso as próprias fraquezas.

Como escreveu o autor russo Tolstói: "A felicidade suprema é constatar, no fim do ano, que somos melhores pessoas do que éramos no início".

A revolução humana não é um evento extraordinário, nem divorciado de nossa vida diária. Com freqüência, começa com algo pequeno. Tomemos como exemplo um homem que só pensa em si, em sua família e em seus amigos, até que, um dia, realiza um pequeno movimento para quebrar esse confinamento estreito e sai do seu caminho para ajudar um vizinho que está sofrendo. É o início de sua revolução humana.

Mas não podemos realizar esse processo sozinhos. É através de nossas interações com os outros que polimos nossa vida e crescemos como seres humanos. Fazendo algo pelos outros e nos comprometendo positivamente com eles, tornamo-nos pessoas mais disciplinadas e melhores. Mas isso não significa ignorar a si mesmo e sua felicidade para que outros sejam felizes. A felicidade que criamos como indivíduos, e os fortes laços que criamos uns com os outros, geram a felicidade de toda a humanidade.

A vida de Mahatma Gandhi ilustra isso. Quando criança, ele era dolorosamente tímido. Sempre estava preocupado em não ser ridicularizado pelas pessoas. Mesmo depois de se formar advogado, continuava tímido. Quando se levantou para apresentar seus argumentos em seu primeiro caso num tribunal, teve um "branco" pelo fato de estar muito nervoso e precisou abandonar o tribunal. Mas aconteceu uma mudança importante enquanto ele estava na África do Sul, onde os hindus residentes enfrentavam severa discriminação. Gandhi viajava de trem, num vagão de primeira classe, quando lhe foi ordenado que passasse para o vagão de carga. Ele recusou e acabou sendo forçado a descer do trem. Na sala de espera na estação, permaneceu acordado a noite inteira, debatendo-se entre a alternativa de regressar à Índia ou suportar as dificuldades que teria de enfrentar se assumisse uma posição e lutasse pelos direitos humanos. Finalmente, compreendeu que seria covardia fugir de seus temores e abandonar as pessoas que estavam sendo discriminadas como ele havia sido. A partir desse momento, Gandhi desafiou sua natureza tímida, determinado a vencer a injustiça. Sua mudança interna foi a centelha que originou um dos maiores movimentos do século XX: o movimento para a mudança social por meio da não-violência.

Cada pessoa possui grande potencial, que permanece em grande medida intacto. Por meio do árduo trabalho que é realizar nossa revolução humana, esse potencial pode ser revelado, permitindo-nos estabelecer um sentido do eu independente e inconquistável. Podemos lidar criativamente com qualquer situação que a vida nos ofereça. Esse processo aberto nos permite continuar crescendo ao longo da vida, e além. Nunca encontraremos um ponto morto na viagem eterna de auto-realização.

O que acontece quando não levamos em conta a individualidade?

Todos nós, absolutamente todos, precisamos ser reconhecidos em nosso trabalho, seja qual for, e elogiados como indivíduos únicos e destacados. Caso contrário, estaremos tentados a fazê-lo nós mesmos. E nos sentiremos rejeitados.

Os que fazem isso sentem-se desconsiderados e acabam tendo pouca ou nenhuma lealdade ou camaradagem para com seus companheiros ou colegas, assim como pouca ou nenhuma responsabilidade. Esse pode ser o preço a pagar por não levar em conta a individualidade das pessoas.

Por isso é importante, no mínimo, dar pequenas mostras de apreço, seja por palavras ou atos. As pessoas precisam de afeto e apreço. Aquele que os considera desnecessários no mundo da empresa não entendeu realmente o que são os negócios.

Mas também há outra coisa muito importante.

Dizia o filósofo e economista inglês John Stuart Mill: "Tudo o que sufoca a individualidade, seja qual for o nome que se lhe dê, é despotismo". E também afirmava que: "Ao que parece, um povo pode fazer progressos durante certo período de tempo e depois deixar de fazê-los. Quando é que isso acontece?" E respondia: "Quando esse povo deixa de ter individualidade".

Stuart Mill percebeu que não só individualmente os seres humanos precisam ter um senso de personalidade; grupos que trabalham organizados para um fim também necessitam sentir na mente e no coração um senso de unicidade como grupo, a sensação de que fazem parte de uma comunidade única.

Assim como os membros de uma família necessitam sentir-se bem formando essa família e os cidadãos de uma cidade, Estado ou nação necessitam afirmar-se como participantes de um empreendimento humano, os empregados de uma empresa necessitam se sentir estimulados ou orgulhosos do que são capazes de fazer e do que distingue sua empresa.

Quando nos sentirmos únicos no que fazemos, ficamos motivados a crescer e melhorar, ir além do que nos é exigido e avançar a novos níveis de excelência.

Para rematar este assunto, quero dizer que a dimensão espiritual, a fortaleza espiritual, é a melhor terra de cultivo para as outras três dimensões: a verdade, a beleza e a bondade. E é terra de cultivo essencial também para a humildade, para reconhecer que precisamos dos outros e para que, sonhando que somos ilimitados e atuamos para melhorar o tempo e o espaço que nos coube viver, deixemos uma marca importante em nossa comunidade.

# VIII
# A FILOSOFIA E SEU DEVIR
## Do Renascimento e do Iluminismo à filosofia transcendental

Quando, em 1453, o turco Maomé II tomou a cidade de Constantinopla, os sábios gregos emigraram para a Itália com os manuscritos de Platão, Plotino e Aristóteles. Esse foi o ponto de partida não só do humanismo, da ressurreição da literatura antiga, mas também, do ponto de vista da filosofia, de um renascimento neoplatônico, cuja influência passaria a ser tão grande quanto a de Aristóteles.

Depois da filosofia renascentista (uma nova etapa da Idade Média), entramos na parte mais clássica da filosofia moderna. Descartes costuma ser considerado o primeiro filósofo moderno e o iniciador de um novo modo de fazer filosofia. A filosofia moderna se caracteriza por fazer do sujeito e da subjetividade seu centro de reflexão e interesse.

O racionalismo desenvolve uma autêntica metafísica, que em boa medida se relaciona com a grande tradição metafísica antiga e medieval. Não se trata de simples continuidade, mas de uma nova tentativa de compreender o homem, o mundo e Deus. O ponto de partida, isto é, o *cogito*, constitui também um ponto de vista metafísico.

O empirismo, ao contrário, não se interessa tanto pelos problemas metafísicos clássicos, mas pelos problemas gnoseológicos, embora compartilhe com os racionalistas a busca da certeza.

O Iluminismo é um fenômeno cultural eminentemente europeu, cujos desenvolvimentos mais importantes se produzem na Inglaterra, França e Alemanha. É uma nova forma de ver o mundo, que, apesar de conter elementos filosóficos evidentes, supera o campo estritamente filosófico.

A chave teórica do Iluminismo é a razão, não mais a razão racionalista dos sistemas metafísicos, mas a razão empirista dos ingleses, que nos convida a permanecer receptivos aos dados dos sentidos e aos resultados dos experimentos.

A fé na capacidade da razão se manifesta em outro conceito-chave para entender o Iluminismo: a noção de progresso.

O repúdio à tradição é outra de suas características. Todo fenômeno social ou espiritual que não possa ser explicado pela razão humana é um mito ou uma superstição. Assim, o antitradicionalismo se mostra no repúdio à religião revelada, especialmente o catolicismo. Junto com o repúdio à religião revelada, encontramos o desejo de uma mudança social.

Diante dessas duas correntes do pensamento filosófico, racionalismo e empirismo, surge a filosofia transcendental de Kant, uma tentativa de dar uma resposta global aos novos problemas que se apresentam ao homem europeu do final do século XVIII. Kant indaga a respeito das questões mais importantes da existência humana, e, embora suas respostas não sejam definitivas, seu projeto filosófico constitui uma referência necessária para todo o processo posterior.

## Thomas Hobbes

Thomas Hobbes nasceu em Malmesbury, Inglaterra, em 1588. Filho de um pastor rural anglicano, realizou seus estudos em Oxford. Foi um cientista de muitas faces, que exerceu a política e cultivou a filosofia.

Dedicou boa parte de sua vida a viajar, principalmente para a Itália, onde entrou em contato com Galileu, e para a França, onde estudou a filosofia de Descartes e travou relações com os cientistas que freqüentavam o círculo do padre Mersenne.

A época em que Hobbes viveu caracteriza-se por uma grande divisão política, que opunha duas facções bem definidas: os monarquistas, que defendiam a monarquia absoluta, aduzindo que sua legitimidade vinha diretamente de Deus, e os parlamentares, que afirmavam que a soberania devia ser compartilhada entre o rei e o povo. Habilidosamente, Hobbes mantinha uma postura neutra, pois, embora afirmasse que a soberania está no rei, dizia que seu poder não provinha de Deus.

Seu pensamento filosófico define-se pela adesão ao materialismo mecanicista, corrente que diz que só existe o "corpo" e nega a existência da alma, afirmando, por outro lado, que o homem é regido pelas leis do universo.

Para Hobbes, o homem é um indivíduo social, que, antes de fazer parte da sociedade, vive em "estado de natureza". Nesse estado, o direito de cada um é medido pela sua potência real, por sua força física, que atende exclusivamente à sua conservação e ao seu interesse pessoal. Ao contrário de Aristóteles, que considerava o homem um "animal político", Hobbes não vê nele nenhum instinto social, afirmando que se torna sociável por puro acidente.

Esse estado de natureza, um estado extremamente desgraçado, é descrito por Hobbes em suas famosas frases: "*Homo homini lupus*", o homem é o lobo do homem, e "*Bellum omnium contra omnes*", a guerra de todos contra todos.

Sua obra fundamental, *Leviatã*, trata de problemas como o valor, o dinheiro, a população e a coisa pública. Hobbes considera que é o egoísmo que move a atividade econômica do indivíduo, e que a liberdade de comércio é uma lei natural, mas acredita que o Estado deve intervir para que ninguém permaneça ocioso ou para evitar o gasto excessivo dos cidadãos.

Hobbes é importante para a ciência econômica por ter influenciado claramente as idéias de Adam Smith e de Jeremy Bentham.

## Descartes

René Descartes du Perron nasceu em 1596 em La Haye, pequeno município da Turènne francesa, no seio de uma abastada família. Seu pai, Joachim Descartes, era conselheiro do Parlamento de Reims, e sua mãe, Jean Brochard, neta de um magistrado de Poitiers.

Estudou filosofia escolástica no Colégio Real dos Jesuítas de La Fleche, em Anjou. No início da Guerra dos Trinta Anos, ingressou no exército, terminando por viver nos Países Baixos "para poder trabalhar sem estorvos e com liberdade". Foi até Estocolmo dar lições de filosofia para a rainha Cristina, onde foi surpreendido pela morte.

Em 1637, publicou anonimamente o famoso *Discurso do método*, no qual procura encontrar um método que, baseado no funcionamento natural da inteligência, evite os erros imputáveis ao seu mau uso e nos conduza de forma segura à verdade. Sustenta ainda que seguir o método não supõe outra coisa senão cultivar a razão.

Sua contribuição à filosofia é múltipla, mas pode ser resumida a dois elementos principais: afirmação da razão como critério fundamental da verdade e fonte principal de conhecimento, e a descoberta da consciência como realidade primeira e ponto de partida obrigatório do filosofar.

A famosa frase "*cogito, ergo sum*" (penso, logo existo) expressa que todo ato de pensamento, ou seja, da consciência, inclui a certeza da própria existência.

Fora do campo estritamente filosófico, o *Discurso* contém uma mensagem que adquiriu profundo significado no século XX, mensagem simples, mas rigorosa, qual seja a de que o homem tem como missão e dever defender seus direitos e os de seus semelhantes, mas, de todos esses direitos, existe um que não deve ceder por nada neste mundo: o direito de pensar por conta própria. E devemos mantê-lo presente neste século XXI.

Descartes é um dos primeiros pensadores modernos, se não o primeiro, a assentar a filosofia sobre um fundamento totalmente novo, e por isso está interessado em dotar a filosofia do mesmo rigor e certeza metodológicos das ciências da natureza.

## John Locke

John Locke nasceu em Wrinton, perto de Bristol, no ano de 1632, no seio de uma rica família da Inglaterra. Familiarizou-se com a filosofia escolástica, que, embora não chegasse a satisfazê-lo muito, marcaria decisivamente seu pensamento.

Dele disse Voltaire: "Nunca houve talvez um espírito mais sensato, mais metódico, um lógico mais exato que o sr. Locke".

O pensamento racionalista cartesiano é a base sobre a qual se desenvolve o empirismo de Locke, ao negar em primeira instância a defesa do caráter inato das idéias postulado por Descartes.

Locke ofereceu uma justificativa ética para a propriedade da terra, que se adquire quando esta, em genial expressão do filósofo, se mistura com o trabalho. Mas sua contribuição é, não obstante, ambivalente, já que em matéria econômica foi mercantilista e defendeu um estrito quantitativismo monetário.

Em filosofia, sua marca foi mais negativa, já que seu empirismo deu lugar à teoria da *tabula rasa*, utilizada justamente para negar a natureza humana na qual baseia sua filosofia política, que no entanto inspirou muitos dos melhores liberais em três séculos de pensamento.

Para Locke, em seu início, a alma é uma ardósia em branco (*tabula rasa*) que, a partir dos dados da experiência, faz o entendimento distinguir, comparar e combinar, e nisso está a origem das idéias, até então vistas como inatas.

É importante, também, sua contribuição no terreno da moral e da política, de tal forma que seu pensamento representa a principal contribuição ao liberalismo inglês. Locke pensa na lei como fruto do consenso entre os indivíduos, um acordo consuetudinário, e a classifica em divina, civil e filosófica.

Pode-se considerar Locke como o pai da doutrina da divisão dos poderes, que mais tarde seria popularizada, com algumas alterações, por Montesquieu.

No terreno religioso, defende a compreensão e a tolerância entre as diversas doutrinas, manifestando-se agnóstico e crítico dos dogmas. A liberdade do indivíduo é um princípio básico para uma sociedade feliz, livre das ataduras impostas pela própria razão e pelo "senso comum".

## David Hume

David Hume nasceu em Edimburgo, Escócia, em 1711, no seio de uma família rica da pequena nobreza escocesa. Foi educado em casa e na Universidade de Edimburgo, na qual foi matriculado aos 12 anos.

Estudou com paixão os problemas da filosofia especulativa, escrevendo aos 24 anos sua obra mais importante, o *Tratado sobre a natureza humana*, que constitui a síntese do seu pensamento. Apesar de sua importância, a obra foi ignorada pelo público e, como disse o próprio Hume, "nasceu morta", talvez por culpa de seu estilo obscuro.

Suas crenças filosóficas receberam grande influência do filósofo inglês John Locke e do bispo e filósofo irlandês George Berkeley. Tanto Hume como Berkeley diferenciavam a razão dos sentidos. Hume, no entanto, foi além e tentou provar que a razão e os juízos racionais são apenas associações habituais com diferentes sensações ou experiências.

Hume deu um passo revolucionário na história da filosofia ao rechaçar a idéia de causalidade, argumentando que "A razão nunca poderá mostrar-nos a conexão entre um objeto e outro se não for ajudada pela experiência e pela observação de sua relação com situações do passado. Portanto, quando a mente passa da idéia ou impressão de um objeto à idéia ou crença em outro, não se guia pela razão, mas por certos princípios que associam as idéias desses objetos e os relacionam na imaginação".

Quanto à dimensão ética de seu pensamento, Hume pensava que os conceitos de bem e mal não são racionais, mas nascem de uma preocupação com a própria felicidade. De seu ponto de vista, o supremo bem moral é a benevolência, um interesse generoso pelo bem-estar geral da sociedade, que ele definia como felicidade individual.

## Voltaire

François Marie Arouet, conhecido como Voltaire (pseudônimo que ele mesmo se atribuiu), nasceu em Paris em 1694, filho do rico tabelião e simpatizante jansenista François Arouet. Com apenas 7 anos, ficou órfão da mãe, Margueritte Daumart.

Estudou no Colégio Jesuíta Louis-le-Grand. De sua formação religiosa guardará uma penosa lembrança, que irá se refletir numa atitude irreverente, rebelde e zombeteira diante da Igreja, suas instituições e seus dogmas.

Embora fosse um pensador de múltiplas facetas e pouco ou nada sistemático, converteu-se em símbolo do enciclopedismo e das modernas idéias iluministas, que defendiam a liberdade de pensamento, a tolerância e a justiça como instrumentos de superação da ignorância, do dogmatismo e das superstições de toda espécie.

No pensamento do filósofo inglês John Locke, Voltaire encontra uma doutrina que se adapta perfeitamente ao seu ideal positivo e utilitário. Locke aparece como defensor do liberalismo, afirmando que o pacto social não suprime os direitos naturais do indivíduo. Em resumo, é apenas a experiência que nos instrui, e tudo além dela é mera hipótese.

Voltaire extrai dessa doutrina a diretriz de sua moral: a tarefa do homem é tomar o destino em suas mãos, melhorar sua condição, garantir, embelezar sua vida com a ciência, a indústria, as artes e uma boa "polícia" das sociedades no que diz respeito à legalidade e à justiça universal. Assim, a vida não seria possível sem uma convenção na qual cada um encontra seu lugar. Apesar de expressar-se por leis particulares em cada país, a justiça que assegura essa convenção é universal.

O papel da moral, segundo Voltaire, é nos ensinar os princípios dessa "polícia" e acostumar-nos a respeitá-los.

Inimigo encarniçado do cristianismo, não obstante continuou sendo um deísta convicto: a organização do mundo, sua finalidade interna, só podem ser explicadas por um Criador inteligente. São suas as famosas frases: "O Universo me confunde, é impossível considerar que este relógio exista e não tenha relojoeiro" e "Se Deus não existisse, seria preciso inventá-lo".

## Jean-Jacques Rousseau

Jean-Jacques Rousseau nasceu em Genebra em 1712. Quando tinha apenas alguns dias, sua mãe morreu, deixando-o aos cuidados de uma tia. Sentimental, passional e contraditório, teve vários filhos naturais, que abandonou num orfanato.

Em Paris, trava amizade com Denis Diderot, com o qual colabora escrevendo artigos sobre música, sua grande paixão, para a

*Enciclopédia*. Personagem muito criticado, foi perseguido e teve que mudar muitas vezes de residência.

Precursor do pensamento democrático, seu ponto de partida é uma crítica à ingenuidade do pensamento iluminista, especialmente na tarefa que o Iluminismo outorga à cultura e ao conhecimento como provedores da bondade.

Defende que a cultura é uma camada de convenções e arbitrariedades que se sobrepõe ao homem original, isto é, natural, e que, portanto, falseia e perverte as condições superiores que o ser humano possui intrinsecamente.

Sustenta que na espécie humana existem dois tipos de desigualdades: a natural ou física e a moral ou política. A primeira está definida pela natureza – diferença de idade, de saúde, das forças do corpo –, e a segunda, estabelecida, ou ao menos autorizada, pelo consentimento dos homens, consiste nos diferentes privilégios de que alguns desfrutam em prejuízo dos demais, como o de serem mais ricos ou poderosos.

Para ele, a origem da desigualdade é a propriedade. "O primeiro indivíduo que, depois de cercar um terreno, afirmou: 'Isto é meu', e encontrou pessoas tão simples que acreditaram nele, foi o verdadeiro fundador da sociedade civil", assegura em sua obra *Discurso sobre a origem e os fundamentos da desigualdade entre os homens*.

Sua crítica à sociedade contida em seu *Contrato social* – sua proposta política – causou a proibição da obra desde sua origem.

Segundo Rousseau, a sociedade não respeita princípios éticos básicos, tanto na vida pública como na vida privada. Ele assegura que, para salvaguardar a igualdade e a liberdade originais – sua formulação política – , é imprescindível observar, no "contrato", uma cláusula: "A alienação total de cada associado, com todos os seus direitos, em favor de toda a comunidade".

Para Rousseau, a máxima do governo legítimo e popular que persegue o bem do povo é guiar-se pela vontade geral. "O corpo político é também um ser moral dotado de vontade. Essa vontade geral, tendente sempre à conservação e bem-estar do todo e de cada parte, é a origem das leis e a regra do justo e do injusto para todos os membros do Estado, em relação a este e aqueles", nos diz.

No *Contrato social*, nega-se o direito de associação e a liberdade de ensino e se reduz a liberdade religiosa, porque, segundo ele, era o preço que se tinha que pagar diante da redescoberta de alguns direitos naturais que não estavam suficientemente fundamentados numa concepção da natureza capaz de justificar não só sua origem, mas também seu fim transcendente.

Essa preocupação aparece em todas as suas obras, tanto filosóficas quanto autobiográficas, e em seus romances.

Diz-se que suas idéias exerceram grande influência no processo revolucionário francês e norte-americano e nas revoluções latino-americanas, apesar de ele ter morrido antes que eles fossem desencadeados.

## Immanuel Kant

Immanuel Kant nasceu em Königsberg, Prússia oriental (atual Kalingrado, na Rússia), em 1724, filho de um modesto talabarteiro.

Educado em ambiente luterano, estudou os clássicos em sua formação inicial, e física, matemática e filosofia na universidade de Königsberg.

Embora fosse de constituição física frágil, viveu muitos anos graças a um metódico estilo de vida – a ponto de ter passado à história como paradigma de existência regrada e rotineira. Era conhecido seu costume de dar um passeio vespertino, todo dia à mesma hora e com idêntico percurso, que acabou se convertendo numa espécie de sinal horário para seus concidadãos. Faleceu em sua cidade natal sem nunca ter saído de sua província.

No seu pensamento costuma-se distinguir um período inicial, denominado pré-crítico, caracterizado por seu apego à metafísica racionalista de Wolff e seu interesse pela física de Newton. Depois de dez anos de silencioso estudo, empreendeu a tarefa de construir sua nova filosofia crítica, depois que o contato com o empirismo de Hume lhe permitiu, segundo suas próprias palavras, "despertar do sono dogmático".

O empirista inglês o fez dar-se conta de que as afirmações e reflexões de sua metafísica racionalista careciam de fundamento sólido. Depois da crítica a que foram submetidos por Hume, conceitos centrais como os de "substância" e "causalidade" ficavam reduzidos a mero costume.

Esse segundo período começa com a *Crítica da razão pura* (*Kritik der reinen Vernunft*), na qual trata de fundamentar o conhecimento humano e fixar seus limites. O giro copernicano que pretendia imprimir à filosofia consistia em conceber o conhecimento como transcendental, isto é, estruturado a partir de uma série de princípios que permitem ordenar a experiência procedente dos sentidos; resultado da intervenção do entendimento humano são os fenômenos, enquanto a coisa em si (o númeno) é por definição incognoscível.

É considerado por muitos o filósofo mais importante da modernidade.

## Hegel

Georg Wilhelm Friedrich Hegel, filho de um funcionário da Fazenda, nasceu em Stuttgart em 1770. Estudou filosofia e teologia no Tübinger no Stifl de Württemberg. Ali travou conhecimento com um fenômeno político de imensa magnitude: a Revolução Francesa, que desde seu início o entusiasmou, levando-o a celebrar, ano após ano, durante toda a sua vida, a tomada da Bastilha.

Influenciado por muitos de seus antecessores – sempre se declarou seguidor de Schelling, Spinoza, Rousseau e Kant, entre outros –, Hegel criou uma filosofia da inteligibilidade total, da imanência absoluta.

A razão não é um conjunto de regras com as quais pensamos o mundo. A razão é a realidade profunda das coisas, a própria essência do ser. "Tudo o que é racional é real, tudo o que é real é racional", sentencia.

Muitos consideram que Hegel representa o auge do movimento do idealismo filosófico do século XIX alemão, que viria a ter impacto profundo sobre o materialismo histórico de Marx.

Por outro lado, sua filosofia foi tão grandiosa e complexa que muitos dos filósofos posteriores construíram suas filosofias a partir de trechos da gigantesca obra hegeliana.

# IX
# DO BOM VIZINHO SAI O BOM AMIGO
## (A AMIZADE: dimensão afetiva)

No início deste livro, afirmei que os cinco pilares básicos que temos que fortalecer na direção da empresa são a verdade, a beleza, a bondade, a unidade e a amizade. Bem, esta última, a amizade, é questionável, mas para mim essencial, na medida em que reforça os laços afetivos da pessoa.

"Um irmão pode não ser amigo, mas um amigo será sempre um irmão", disse o filósofo ateniense Demétrio de Falera.

Acho que a amizade é a relação humana mais genuína. Sermos compreendidos e apreciados pelo que somos, pelo ser humano que trazemos dentro de nós, sem enfeites exteriores, é uma experiência essencial na vida.

A amizade está apoiada em sólidos alicerces, como o respeito, a confiança, a comunicação, o afeto e a empatia. No entanto, tudo isso pode sucumbir diante do embate dos preconceitos e dos longos silêncios nas relações de amizade.

A amizade é a relação social mais importante entre as pessoas. Muito se falou dela, da importância de ter bons amigos, do papel socializante dos amigos.

Mas você já se perguntou o que é um amigo?

Eu definiria "amigo" assim: um amigo é um amigo.

Na verdade, isso não é uma definição, mas indica a dificuldade de se dizer o que é. Isso ocorre porque se confunde "amigo" com muitas outras figuras: companheiro, colega, conhecido, aliado, etc. Mas, de todas elas, a que mais conduz a engano é a de amigo-conhecido.

Um amigo é mais que um conhecido. Os conhecidos são os atores secundários no filme da nossa vida.

Ouvi dizer que uma pessoa pode ter entre quinhentos e dois mil conhecidos, mas seus amigos não costumam passar de sete.

Os conhecidos constituem relacionamentos transitórios, que entram e saem de nossas vidas.

Falamos de amigos e de conhecidos porque sabemos a diferença entre os dois. Conhecidos são as pessoas que encontramos, curtimos e podemos deixar para trás facilmente, mas a amizade deita raízes profundas. Mesmo quando estamos separados por tempo e espaço, a amizade continua crescendo e amadurecendo.

Um amigo é mais que um companheiro. Dizia o jornalista norte-americano dos anos 1940, Walter Winchell, que um amigo é aquele que entra quando a maioria sai.

Um amigo conhece você por dentro e por fora, e, mesmo assim gosta de você. Um amigo compreende e aprecia a gente, mesmo quando tem pontos de vista diferentes. Um amigo é fiel e leal, e nele se pode confiar. O que você conversa com um amigo é algo profundo, não meras opiniões ou observações. Na amizade, você se arrisca a ser ferido, porque fica vulnerável. Um amigo é uma pessoa que está ao seu lado a toda hora.

Um amigo é alguém que ouve meu grito de dor, que sente minha luta, que está do meu lado em todos os momentos, negativos e positivos. Quando estou aflito, meu amigo não só estará ao meu lado, mas também estará à parte, olhando-me com uma certa objetividade. Um amigo nem sempre me dirá que estou bem, porque às vezes não estou.

Um amigo é alguém com quem é divertido estar; os amigos desfrutam um do outro. Riem, fazem piadas, brincadeiras. E têm interesses comuns.

Vou contar um fato real como me foi contado um dia por um amigo próximo. Ele nos ajudará a compreender o que é ser amigo:

"Tempos atrás, estava em casa por volta das 11 da noite quando recebi a ligação de um grande amigo. Adorei ele ter ligado, e a primeira coisa que ele fez foi perguntar:

– E aí, como você está?

E sem saber por quê, respondi:

– Me sentindo muito sozinho.

– Você está a fim de conversar?

Respondi que sim, e ele disse:

– Quer que eu dê uma passada aí?

Respondi que sim.

Desligou o telefone e em menos de 15 minutos estava tocando a campainha. Falei por horas, de tudo, do meu casamento arruinado, do meu trabalho, da minha família, das minhas dívidas, e ele me ouvia, prestando atenção.

Quando o dia clareou, eu estava cansado e com a mente embotada; a companhia dele tinha me feito muito bem, principalmente porque meu ouviu, me ajudou e me fez ver meus acertos e meus erros.

Eu me sentia muito melhor, e, quando ele percebeu isso, disse:

– Bem, vou indo. Preciso trabalhar.

Eu me surpreendi e disse:

– Por que você não me falou que tinha que trabalhar? Olha só que horas são. Você não dormiu nada. Fiquei enchendo seus ouvidos a noite inteira.

Ele sorriu e disse:

– Não tem problema, amigo é pra isso mesmo.

Eu me sentia cada vez mais feliz e orgulhoso de ter um amigo assim.

Acompanhei-o até a porta e, quando ele ia entrar no carro, gritei de longe:

– Afinal, por que foi que você me ligou ontem à noite?

Ele voltou e me disse em voz baixa:

– É que eu queria lhe dar uma notícia.

Eu perguntei:

– O que aconteceu?

Ele disse:

– Fui ao médico e ele me revelou que estou com os dias

contados. Estou com um tumor cerebral, não dá para operar, só me resta esperar.

Fiquei atônito e mudo.

Ele sorriu e falou:

– Tenha um bom dia, amigo.

Deu meia-volta e foi embora.

Levei um bom tempo para assimilar a situação. Milhões de vezes, eu me perguntei por que, diante da pergunta 'E aí, como você está?', eu me esqueci dele e só falei de mim. Como é que ele teve força de sorrir para mim, me incentivar, dizer tudo o que disse, estando naquela situação? Era incrível.

Desde então minha vida mudou. Costumo ser mais crítico em relação aos meus problemas e desfrutar mais das coisas boas da vida.

Só pude desfrutar do meu amigo por mais uns dois meses, curtir suas piadas, sua loucura, sua seriedade, sua sabedoria, sua integridade."

Os amigos verdadeiros e fiéis são, sem dúvida, um tesouro: tocam nosso coração e fortalecem nosso espírito. "Um pai é um tesouro, um irmão um consolo, um amigo é ambas as coisas", dizia Benjamin Franklin.

Uma questão interessante: a amizade pode se dar entre familiares? E entre pais e filhos?

A amizade entre familiares é difícil de ocorrer. A dos filhos em relação aos pais é pouco comum, pois não existe a confiança mútua necessária para que ela ocorra.

Muitos jovens desejam ser amigos de seus pais e não conseguem. Muitos pais desejam a mesma coisa e tampouco se saem bem. Ao que parece, embora exista o interesse, é raro que se dêem as circunstâncias necessárias para que isso aconteça.

E por quê?

É comum ouvir "mais que um pai, sou amigo dos meus filhos" ou "minha filha e eu somos verdadeiras amigas". Estas expressões, que em alguns casos podem ser muito ingênuas, com certeza derivam do fato de que a paternidade e a amizade se baseiam na emoção do amor.

Quando não se distingue o caráter metafórico da "paternidade como amizade" e esse "amor de amigos" na relação entre pais e filhos, o que costuma acontecer é que os filhos ganham um amigo ou amiga ao mesmo tempo em que perdem o pai ou a mãe.

O amor em que se baseia a paternidade não é o mesmo amor que se dá entre amigos, assim como tampouco é o mesmo amor que se dá entre os membros de um casal.

A amizade, no sentido estrito, não pode se dar entre pais e filhos. O intercâmbio implícito na amizade só pode ser alcançado entre pares. O filho – criança, adolescente ou jovem – pode chegar a confiar a seus pais seus problemas e suas mais íntimas experiências, mas tal atitude não pode ocorrer no sentido inverso. O filho não pode compreender e assimilar os problemas dos pais. Pais e filhos não são pares.

Em compensação, num sentido amplo, a criança deve encontrar nos pais não aquele mítico "melhor amigo", mas um confidente natural, a primeira pessoa na qual confia.

Mas por que, em geral, isso não acontece quando a criança chega à puberdade? Esta não é uma questão que tenha de ser respondida aqui.

E a amizade entre homem e mulher, é possível? Podem ser somente amigos?

A amizade que pode surgir entre um homem e uma mulher sem cruzar a fronteira do amor é um fato real.

Embora para alguns a atração física que pode surgir na relação entre homem e mulher seja uma coisa palpável, é possível estabelecer um estreito vínculo de amizade entre pessoas de sexos diferentes sem que a atração física interfira.

Há quem coloque em dúvida a existência de uma relação unicamente de amizade entre um homem e uma mulher, mas quem vive essa situação sabe que é possível e que a amizade não é condicionada ao gênero.

Ser amigo é estar disponível para ouvir o outro, aconselhá-lo se ele precisar, consolá-lo nos momentos difíceis, estimulá-lo a vencer as adversidades, compartilhar alegrias e tristezas, e, inclusive, ser depositário de seus segredos. Por isso, a amizade não precisa necessariamente ocorrer entre pessoas do mesmo sexo.

A amizade é algo que simplesmente surge, não importa que a pessoa que a inspire seja homem ou mulher. É um sentimento claro, que muitas vezes nasce na infância.

Alguns opinam, e não sem razão, que a sensibilidade no relacionamento entre homens e mulheres costuma ter certa carga de erotismo, pois sempre existe prazer na proximidade do outro.

Não obstante, o respeito mútuo e o limite natural que se estabelece marcam a diferença entre uma amizade pura e simples e uma relação que vai além desse sentimento.

O fato de ter experimentado a amizade com pessoas do sexo oposto me permite afirmar com firmeza que pode haver um laço estreito entre homem e mulher sem que haja atração ou contato físico.

## O trabalho

A amizade está também vinculada ao trabalho.

O trabalho é para muitos uma das atividades fundamentais da existência humana. É a atividade que permite aos homens produzir os bens e serviços indispensáveis à vida, assim como integrá-los ao sistema de relações que constituem a sociedade.

Por meio do trabalho eficiente e produtivo as sociedades vão melhorando a sua qualidade de vida; e, através dele, os homens encontram os elementos necessários para melhorar sua vida pessoal, familiar e social.

Considerando o tempo que as pessoas passam no trabalho, devemos ser conscientes das conseqüências que ele tem para a nossa vida. A qualidade de vida no trabalho tem implicações significativas na qualidade da nossa vida emocional e no nosso equilíbrio anímico e afetivo.

O que acabamos de dizer vale para qualquer relação de trabalho e para qualquer empresa. Certamente, a dinâmica e as relações entre as pessoas serão diferentes em cada caso, pois existe um nexo íntimo entre a estrutura organizacional e os processos psicossociais a ela inerentes.

No aspecto pessoal, sempre foi uma aspiração legítima conseguir uma relação de trabalho cordial. São muitos os exemplos cotidianos que permitem renovar a esperança de que é possível criar ambientes humanos positivos e gratificantes no trabalho.

Uma boa dose de cordialidade e camaradagem nas relações de trabalho é um excelente bálsamo e catalisador para se conseguir os objetivos em meio às difíceis e intensas jornadas de trabalho das competitivas organizações contemporâneas. As pessoas podem ser muito sensíveis a esses intangíveis estímulos interpessoais.

Todos os que assumem a difícil missão de líderes de uma organização estão conscientes da importância e das implicações de suas políticas, procedimentos e decisões na vida dos empregados.

Uma exigência natural – válida certamente nas empresas modernas – é a lealdade. No entanto, a bem da verdade, não devemos nos esquecer de que a lealdade é uma via de mão dupla. As organizações em que as expectativas e os compromissos são cumpridos reciprocamente conseguem a qualidade e a excelência organizacional – compromisso e lealdade não só com as pessoas, mas fundamentalmente com os princípios.

São dignas de compromisso e lealdade aquelas pessoas que se pautam pelos mais excelsos e valiosos princípios de eqüidade, justiça e reciprocidade. Sabemos que não é uma tarefa fácil. Trata-se de uma trilha sinuosa na qual, mesmo tendo as melhores intenções, podemos falhar e perder o bom caminho, principalmente quando fatores e variáveis escapam ao nosso controle.

Nisso reside a dificuldade de quem ostenta cargos de responsabilidade e importância, mas nessa mesma encruzilhada existe a possibilidade de mostrar grandeza e valor pessoal. E, para aqueles que são comandados, vale lembrar o que ouvi outro dia um médico dizer, meio de brincadeira, meio a sério: "Quanto maior a cabeça, mais forte a enxaqueca".

É um ideal, quase uma utopia, mas vale a pena conciliar trabalho e amizade.

Muito se tem discutido sobre a sociabilidade dos homens, sobre a necessidade que temos uns dos outros. Alguns afirmam que o homem é um ser gregário por natureza, enquanto outros vêem na integração e cooperação humanas a real interdependência entre os homens, que se associam por seu natural egoísmo.

A meu ver, sejam quais forem as razões que sustentem e fundamentem a integração humana, o mais importante é compatibilizar as pessoas da maneira mais adequada e racional possível, e que todos se esforcem para satisfazer expectativas individuais e anseios compartilhados.

Para isso, devemos procurar a velha e esquecida decência – decência no pensar, no sentir, no agir. Um homem decente rende culto à eqüidade. Só se consegue isso abrigando sólidos princípios humanos e morais, que infelizmente são constantemente desafiados pelos valores do ambiente, e que são transmitidos por osmose aos demais.

O afã de poder, de riqueza desmedida, de fama, é o principal inimigo do sucesso.

Ninguém desconhece, nem deve estranhar, que o mundo do trabalho e o mundo da amizade se regem por princípios, exigências e realidades diferentes. O mundo do trabalho é a união e integração dos homens para conseguir os objetivos empresariais, fixando-se metas, procedimentos e estilos de fazer as coisas.

Cada posto de trabalho tem requisitos próprios, metas específicas, responsabilidades, tarefas e compromissos a cumprir, que devem ser complementados de forma harmônica pelos demais postos de trabalho. Existem pontos de convergência que podem causar incompreensões. Nesse caso, a boa relação interpessoal desempenha um papel vital, dissipando as diferenças existentes, evitando a formação de ilhas organizacionais, propiciando vínculos de entendimento e apoio mútuos.

O mundo do bom companheirismo e da amizade é o mundo do apoio compreensivo, dos afetos compartilhados, onde é possível uma comunicação aberta e espontânea, uma crítica isenta, sincera e saudável, que exclua a susceptibilidade e a desconfiança daninha em benefício dos indivíduos e, portanto, da organização.

Certamente, existem riscos latentes. Se percebem que só me preocupo com o trabalho, as pessoas podem sentir que são meros apêndices da organização e que menosprezo sua importância pessoal e social.

Por outro lado, é justificada a preocupação em relação à amizade no trabalho, pois pode haver quem, sob o amparo da amizade ou da relação próxima e afetiva, queira obter privilégios e benefícios imerecidos. E também pode haver quem tente se valer da amizade para que seus erros ou sua falta de responsabilidade no trabalho sejam ignorados ou desculpados.

Há quem afirme que a relação hierárquica é incompatível com a amizade e com a relação informal, já que esta tende a eliminar a sensibilidade do chefe para com as necessidades pessoais dos subordinados. É mais fácil conseguir uma relação de companheirismo ou de amizade entre iguais, pois a posição hierárquica está tipicamente baseada no mando e, portanto, é incompatível com a igualdade democrática necessária à amizade. No entanto, é desejável um esforço autêntico e bem-intencionado de capitães e marinheiros, que permita navegar em águas cálidas em direção ao porto final.

Nestes tempos de exigência organizacional, já não cabem práticas duais, de reservar para alguns poucos o sorriso e a indulgência, e para outros as exigências, os regulamentos, quando não as pressões e as punições.

Além disso, o mundo do trabalho não se relaciona com o mundo dos afetos, nem das simpatias ou antipatias pessoais – e isso é válido para muitos. Pode-se trabalhar bem sem exigências nem requisitos emocionais, desde que cada um respeite e valorize a capacidade e o trabalho dos demais.

Essa postura é aceitável, pois no mundo do trabalho nem sempre se tem tempo nem condições que propiciem a comunicação pessoal e íntima. A amizade tem de ser cultivada.

Do mesmo modo, temos todo o direito de ser seletivos e até de restringir o número de pessoas que têm acesso à nossa vida pessoal, mas sem prejuízo da boa relação de trabalho, do companheirismo e da cordialidade no trabalho.

Como melhorar a qualidade das relações ente os trabalhadores?

Um bom sistema de comunicação na empresa pode melhorar a qualidade das relações interpessoais, independentemente da proximidade ou distância afetiva entre as pessoas, o que propicia um clima saudável no trabalho e favorece a excelência organizacional.

Quando falta informação, o pessoal tende a formar um conceito distorcido da organização, baseado mais em comentários informais e rumores do que na realidade.

Isso cria expectativas e temores infundados. Manter em equilíbrio sadio a relação interpessoal será um excelente remédio tanto para a organização como para as pessoas.

Cada um dos mundos, o do trabalho e o da amizade, demanda atitudes, sentimentos, habilidades e condutas diferentes. Mas, se for possível, e acho que é, devemos encontrar o ponto de convergência, por pequeno, imperceptível e errático que seja, com a finalidade de melhorar as relações de trabalho e interpessoais. Os resultados talvez não possam ser quantificados, nem se revelem numa avaliação financeira, mas contribuem significativamente para a conquista das metas da organização e para a saúde afetiva e emocional dos que a integram.

## Conselhos e conselheiros

"O conselho de um amigo é como vinho generoso em taça de ouro", dizia Sólon, o famoso legislador grego.

Na bagagem de conhecimentos que as grandes empresas deixam às pequenas, destacam-se a formação e o uso dos conselhos de administração.

Mas o que é um conselho de administração?

Um conselho de administração é um conjunto de pessoas que tem como missão dirigir, guiar ou administrar uma empresa. Por isso, tem enorme e profunda importância.

Nas grandes empresas, as assembléias são compostas pelos acionistas e pelos donos do negócio, que nomeiam um conselho de administração para "dirigir" a empresa. Este conselho de administração, por sua vez, tem a obrigação de contratar o pessoal-chave da empresa para iniciar ou dar continuidade às operações.

Entre as funções e responsabilidades mais importantes de um conselho de administração estão: analisar as informações financeiras geradas pela empresa, decidir o rumo da companhia, aprovar os orçamentos gerais e definir as metas estratégicas.

Convém que o empresário tenha pessoas à sua volta que o ajudem, embora os empreendedores costumem iniciar seus negócios sozinhos.

Por isso se diz que são "os homens mais solitários do mundo", pois correm, pensam, empolgam, brincam, sonham e despertam em seu próprio ritmo e em sua própria freqüência. É difícil seguir seus passos.

Alguém poderia ajudar um empresário a conduzir sua empresa? Na aventura de empreender sempre é necessário escutar outras opiniões e receber críticas para melhorar o negócio, embora as decisões finais, assim como a responsabilidade total, sejam sempre suas.

Como formar um conselho?

Uma boa medida pode ser reunir pessoas de confiança que tenham habilidades afins ou complementares às suas e estejam dispostas a dedicar algum tempo ao seu nascente negócio.

Você pode reuni-los a intervalos regulares e comentar seus objetivos, como colocá-los em prática e como melhorar os resultados da empresa. Converse algumas horas com eles, anote idéias, peça que aprofundem aquelas que lhe parecerem mais interessantes. Não desqualifique nenhuma opinião. É você quem vai tomar a decisão final, mas ouça todas as idéias.

Avalie a eficácia de seu conselho. Lembre-se de que um assunto que não é mensurado não pode ser melhorado. Avalie se os conselhos recebidos foram úteis, se você recebeu todos de que precisava, se há alguém que pensa diferente de você ou alguém que nunca dá sua opinião.

O objetivo é avaliar os resultados para melhorar. Quando um dos seus conselheiros tiver dado uma opinião útil, cumprimente-o pessoalmente e depois elogie-o em grupo. Se alguma idéia gerou em você aplicações produtivas, compartilhe-as (pelo menos em parte) com eles.

Quem deve estar no seu conselho e por quê? É possível pensar em um técnico ou profissional (advogado, especialista em informática, engenheiro, publicitário, especialista em *marketing*), pois todos têm sua utilidade, mas isso não é o mais importante.

Os integrantes do seu conselho dependerão também da diversidade dos negócios da empresa, pois alguns departamentos especializados podem requerer o conselho de outro especialista.

Para que um conselho de administração funcione, é importante levar em conta as opiniões dos outros. Ouvi-las não implica aceitá-las nem implantá-las. Simplesmente ouça, pergunte, questione, aprenda.

Como agradecimento pela sua participação, e para demonstrar que suas recomendações valem ouro para o seu negócio, você deve dar aos seus conselheiros uma remuneração por cada reunião a que eles comparecerem.

O dilema de remunerar ou não os membros do conselho não está resolvido, mas existem vantagens na remuneração (permite elevar o nível de exigência em relação a eles ou renová-los segundo as necessidades da empresa).

No entanto, devemos escolher os conselheiros por amizade?

A amizade, um dos pilares básicos da sociedade, está relacionada com a vida social, com o trabalho, com a justiça e com as demais virtudes.

Todos nós necessitamos de alguém em quem possamos confiar, com quem possamos compartilhar nossos sucessos e fracassos.

Na história da sociedade, além da experiência do trabalho, a amizade é outra experiência que nos integra na vida social, neste todo que é a comunidade política.

Existem muitos graus de amizade, mas a simples e rudimentar inclinação a se reunir comunitariamente já é uma manifestação de amizade entre os seres humanos.

Se o trabalho é uma das coisas que primeiramente nos reúne na sociedade, porque através dele satisfazemos nossas necessidades primárias ou materiais, a inclinação à amizade é um fator mais elevado, que congrega o homem em sociedade.

Mas a amizade não é tão pragmática ou utilitarista quanto o trabalho. Ela aponta mais para uma procura de deleite e para o próprio exame da perfeição humana. Não é só um bem utilitário, como o trabalho, mas um bem deleitável, e que além disso tende a ser um bem honesto, como é a vida virtuosa, especialmente na ordem da justiça.

No entanto, a amizade está vinculada também ao trabalho e à função, porque o trabalho cria solidariedade, e a função, certa igualdade proporcional de coordenação e subordinação.

Como na sociedade é difícil que a verdadeira amizade, aquela de completa igualdade, ocorra em todos os níveis, é preciso considerar na sociedade uma amizade entre desiguais. Essa amizade também se funda na virtude e na operação de cada um, e é distributiva. É aqui que aparece a justiça: a amizade, seja segundo a igualdade ou segundo a subordinação, sc dá em todos os ambientes da sociedade, e está ligada à justiça porque procura o bem do outro.

A amizade e a justiça são fundamentos da vida social, e por isso indispensáveis a ela.

O sentimento de fraternidade e de amizade é natural no homem, por isso é causa da sociedade. A amizade está na base da sociedade, porque "Todo agente faz tudo o que faz por amizade", nos diz Tomás de Aquino.

Duas questões importantes devem ser levadas em conta quando oferecemos ou nos oferecem amizade: a confiança e a lealdade. Porque, para que haja amizade, deve haver confiança, já que "confiança" é a esperança que se tem numa pessoa, e também deve haver lealdade, porque "lealdade" significa fidelidade, retidão e incapacidade de trair.

Para concluir, a amizade é um fator de sociabilidade voltado para a justiça, sem a qual a sociedade política não pode subsistir.

Procuremos, portanto, na amizade, nossos conselheiros. Os amigos verdadeiros são os únicos que não nos decepcionam.

## *Coaching*

A palavra "*coaching*" deriva do termo inglês "*coach*", "treinar'. No ambiente empresarial conhece-se por *coaching* o processo interativo e transparente mediante o qual o *coach*, treinador ou orientador, e a pessoa ou grupo implicados no processo procuram o caminho mais eficaz para alcançar os objetivos definidos usando seus próprios recursos e habilidades.

O *coaching* está na moda no mundo empresarial, mas vamos ver exatamente o que é, como utilizá-lo, onde aprendê-lo e para que serve.

No frontispício do templo de Apolo em Delfos, os sete sábios da Grécia gravaram uma inscrição que dizia "Conhece-te a ti mesmo". Muitos pensadores refletiram sobre ela, seguindo o exemplo de Sócrates, Platão e Aristóteles. O certo é que a sabedoria do Ocidente começa, em sua vertente filosófica, com este pensamento, tentando afastar-se de adivinhações e superstições.

Pois bem, o *coaching* é uma ferramenta de desenvolvimento de dirigentes e diretores, realizada por meio de um sistema de assessoramento pessoal e profissional para posterior utilização na empresa.

O *coaching* proporciona informações, conhecimentos, habilidades, referências, colaboração e assessoria personalizada, para que cada dirigente desenvolva suas capacidades, e estas o ajudem em todos os aspectos do seu dia-a-dia.

Assim, por meio do *coaching*, o que se pretende não é ensinar nada de novo, mas ajudar o dirigente a aproveitar o que traz dentro de si. O *coaching* não é, portanto, nem formação, nem consultoria, nem sequer uma terapia.

O *coaching* tem como finalidade desenvolver o potencial das pessoas de forma metódica e estruturada. Centra-se nas possibilidades de futuro, não nos erros do passado nem no desempenho atual.

O *coaching* tem como principal objetivo melhorar o dirigente, alavancando suas forças para trabalhar as oportunidades de melhora que todos temos.

Mas o *coaching* não se destina só a dirigentes com problemas. Ao contrário, os resultados costumam ser mais espetaculares com os bons dirigentes, porque estes conseguem otimizá-los.

Goethe disse que "O melhor que podemos fazer pelos outros não é mostrar-lhes nossa riqueza, mas fazê-los ver a deles".

Portanto, é essencial escolher um bom *coach,* ou treinador.

Como fazer isso? Escolher um bom *coach* é quase um desafio. É muito difícil catalogar conhecimentos para tal, porque não existem problemas ou desafios catalogáveis. Cada dirigente é diferente. O que pode haver são características determinantes ou um conjunto de aspectos que assegurem a escolha de um bom *coach.*

Pergunta: se um bom *coach* deve ser capaz de agir com generosidade e de ajudar a descobrir os pontos fortes e as oportunidades de melhorar, ter uma boa dose de empatia, ser um catalisador centrado nas soluções e saber ouvir ativamente, como escolher o bom *coach*?

Se acreditamos que a simplicidade é eficaz, a escolha de um bom *coach* deve seguir essa regra. Sua escolha deve se basear em cinco aspectos citados a seguir, não por ordem de importância, pois todos são importantes:

Primeiro, a metodologia que o *coach* vai aplicar ao longo do processo. É fundamental.

Segundo, a "química" que será estabelecida, desde o primeiro momento, entre o *coach* e o dirigente, de modo a criar uma base de confiança sem a qual o processo de *coaching* não chegará a lugar algum (cuidado, quem diz "química" quer dizer "compatibilidade").

Terceiro, a credibilidade que o *coach* deve ter junto ao aluno em função de suas características, *background*, trajetória profissional etc.

Quarto, a experiência profissional do *coach*, o que ele já realizou como dirigente e como *coach*, não para transmitir a experiência vivida, mas para ser capaz de entender e avaliar correta e completamente a situação do dirigente, sua problemática e seus desafios.

Quinta, a ética do *coach*. O *coaching* é um processo que requer confiabilidade de ambas as partes, já que só informações autorizadas podem ser revelados. Portanto, e embora a ética seja uma qualidade indispensável num *coach*, na prática é preciso demonstrá-la.

Mas por que o *coaching*?

Quando dirigido a pessoas com responsabilidades dentro da empresa, pessoas-chave não só do ponto de vista objetivo, mas também do ponto de vista subjetivo, o *coaching* ajuda o executivo a superar a sensação de estar sobrecarregado pelos novos desafios que é chamado a assumir na empresa. Mas também pode ser útil para vencer a pressão do dia-a-dia, que se retroalimenta, e o isolamento que o executivo experimenta por não compartilhar seus problemas com os colaboradores, e por dois motivos primordiais: primeiro, porque uma de suas tarefas principais é protegê-los, transmitir segurança e motivá-los; segundo, porque nos custa muito reconhecer que existem coisas que ultrapassam nossas possibilidades, como determinados desafios e responsabilidades.

O *coaching* tem, enfim, uma série de vantagens para o dirigente. A primeira e mais importante é seu caráter reservado: o executivo não se sente colocado em evidência, como poderia acontecer num treinamento em grupo, e perde o medo de prejudicar sua imagem se expuser suas dúvidas. Mas também se desenrola num clima de absoluta confiança e confiabilidade.

Como é uma pessoa de fora, o *coach* ajuda o dirigente a desenvolver uma percepção adequada da realidade, assim como a se posicionar de uma perspectiva mais ampla e menos individual na hora de abordar diferentes situações, o que o leva a buscar soluções a partir de pontos de vista antes não contemplados.

Por último, a filosofia desse método é obviamente socrática e se baseia na denominada "maiêutica" ou técnica da parteira: "Eu digo como você deve fazer, mas é você que empurra, que grita, que berra. Você é o protagonista".

## Aristóteles e a amizade

Para terminar o tema da amizade, vou enveredar de novo pelos caminhos da filosofia.

De todos os filósofos que surgiram no mundo, ninguém tratou da amizade como Aristóteles.

Por isso, acho que vale a pena lembrá-lo, já que nossa memória é fraca: passaram-se apenas vinte e seis séculos desde que ele enunciou seus princípios.

Aristóteles concede grande importância à amizade no quadro de suas reflexões éticas. Trata dela na *Ética a Nicômaco*, a mais representativa de suas obras sobre ética, à qual dedica os livros VIII e IX.

Cabe ressaltar que Aristóteles concede ao tema da amizade um espaço muito mais amplo que a outros temas éticos fundamentais, como, por exemplo, a indagação sobre a felicidade, o tema do prazer, o problema da incontinência ou as questões relativas à justiça.

Mas essa amplitude não é casual, pois corresponde à convicção de Aristóteles de que amizade é especialmente valiosa, algo único na vida dos seres humanos.

A amizade, com efeito, não é um estímulo entre outros para uma vida feliz: é, nas palavras do próprio Aristóteles, "o mais necessário para a vida", o mais necessário para uma vida feliz. Por isso diz Aristóteles "Ninguém iria querer viver sem amigos, mesmo estando em posse de todos os outros bens".

Por outro lado, além de necessária, a amizade é algo nobre e belo. "Constitui uma virtude, ou, em todo caso, não pode se dar sem virtude". Em resumo, posto que o ser humano é um animal social, que tende naturalmente à convivência com outros seres humanos, a amizade constitui a realização mais plena da sociabilidade e a forma mais satisfatória de convivência.

A palavra grega "*philia*" é traduzida habitualmente por "amizade", mas tem um campo de aplicação muito mais amplo que nossa palavra "amizade". Em grego, *philia* abrange toda relação baseada em laços de afeto, carinho ou amor, e daí que Aristóteles inclua, sob esta denominação, relações tão díspares como o carinho entre pais e filhos, a relação apaixonada entre amantes, a concórdia civil entre concidadãos e a relação que consideramos mais estritamente como amizade.

Aqui, como é natural, levarei em conta apenas a relação entre amigos que chamamos de amizade.

Que tipos de amizade contempla Aristóteles?

Como se sabe, em suas indagações filosóficas Aristóteles é sempre sensível à pluralidade de opiniões: conta com elas, tenta explicá-las na medida do possível, convencido como está de que a diversidade de opiniões é sempre um sinal da complexidade do assunto em questão.

Assim, e no que se refere à amizade, Aristóteles reconhece e constata que, enquanto alguns pensam que existem formas diferentes de amizade, outros opinam que existe apenas uma forma de amizade a merecer este nome; há quem opine que todos podem ter amigos, independentemente de sua qualidade moral, enquanto outros defendem que unicamente os homens virtuosos e bons podem ter e ser amigos de verdade; para alguns, a amizade se baseia, sempre e unicamente, no interesse e na utilidade, enquanto outros pensam, ao contrário, que uma amizade interessada não seria verdadeira amizade nem deveria, portanto, ser considerada como tal. E assim sucessivamente.

Essa pluralidade de opiniões deixa evidente, em última análise, que a palavra "amizade" não é unívoca, possuindo diferentes significados e aplicando-se a diferentes tipos de relação afetiva. Não obstante, a palavra "amizade" possui certo núcleo de sentido comum que, em princípio, é aplicável a todos os tipos de amizade e que inclui os seguintes aspectos:

Em primeiro lugar, a amizade se define por querer (*philia* compartilha a raiz com o verbo *phileîn*, que significa "querer"). Muito bem, mas nem todo querer é propriamente amizade: a rigor, não se pode falar em amizade quando o querer se dirige a objetos inanimados e a animais, embora nestes casos utilizemos com freqüência a palavra "amigo", tanto em grego como em nossa língua, quando se fala, por exemplo, de "amigos dos animais". Nesse caso, trata-se de um uso impróprio e derivado das palavras "amizade" e "amigo".

Em segundo lugar, a amizade exige um querer mútuo, recíproco e, além disso, conhecido e reconhecido por ambas as partes. Se o querer não é recíproco, ou se uma das duas partes desconhece a reciprocidade de seu querer, não cabe falar de amizade em sentido estrito.

Mas o querer pode adquirir diferentes formas segundo o fundamento em que se baseie. Podemos querer alguém (ou querer algo) simplesmente porque é bom, por sua excelência, mas também podemos querê-lo porque nos é prazeroso, e podemos querê-lo, enfim, porque é útil, porque dele obtemos algum proveito ou benefício.

Nessa diversidade das formas de querer se baseia a diversidade das formas de amizade e, em última instância, a disparidade das opiniões a seu respeito.

Aristóteles reconhece, conseqüentemente, três tipos de amizade: a amizade baseada na utilidade, a amizade baseada no prazer e a amizade baseada no bem, isto é, na virtude ou excelência da pessoa de quem se gosta.

Nas duas primeiras formas de amizade não se quer o amigo por ele mesmo, mas acidentalmente, não se quer o amigo pelo que é ou por quem é, mas porque tal indivíduo se nos é útil ou prazeroso.

Portanto, é só na amizade baseada na virtude, na excelência, que se gosta do amigo por ele mesmo.

Isso coloca problemas em relação à própria noção de amizade: em que medida se pode dizer que o conceito de amizade é uno? (Ou seja, em que medida o termo "amizade" não é puramente equívoco?) E que relação existe entre essas formas de amizade?

A amizade implica gostar e também querer o bem do amigo.

Obviamente, assinala Aristóteles, em cada uma das três formas de amizade se requer o bem do amigo por motivos diferentes e de maneiras diferentes: na amizade baseada na utilidade, queremos o bem do amigo pelo benefício que ele nos traz; na amizade baseada no prazer, queremos o bem do amigo pelo prazer que seus atos e sua companhia nos proporcionam; e na amizade baseada no bem e na virtude, enfim, queremos o bem do amigo por ele mesmo.

Aristóteles reflete sobre amizade a partir de uma perspectiva ética, de uma perspectiva que diz respeito à felicidade, à vida boa, digna e satisfatória. Dessa perspectiva, Aristóteles considera que as amizades baseadas na utilidade e no prazer são formas deficientes de amizade comparadas com a amizade baseada no bem, na virtude, que ele denomina de "amizade perfeita".

Na realidade, a própria dinâmica da reflexão aristotélica parece conduzi-lo a concluir que, em sentido próprio e autêntico, somente é amizade a que se baseia na virtude e no bem, como mostra o seguinte texto da *Ética a Nicômaco*:

> "Posto que as pessoas chamam de 'amigo' também àqueles de quem gostam por utilidade ou por prazer, talvez nós também devamos chamá-los amigos e dizer então que há várias espécies de amizade, e que primeira e principalmente é amizade a dos bons enquanto bons, enquanto as demais o são por semelhança com aquela".

Este texto contém uma concessão ao modo de falar das pessoas ao lado da afirmação de que só é amizade propriamente a dos bons, a que se baseia na virtude.

De fato, unicamente nessa forma de amizade se dá a benevolência no sentido estrito, isto é, o querer bem ao amigo e o querer o bem do amigo por ele mesmo, que é o que define a autêntica amizade.

Podemos concluir, portanto, que a amizade perfeita – ou seja, a amizade autêntica, a que merece tal nome – é aquela que se baseia na excelência, na virtude, e na qual o amigo é querido por si mesmo. Ambos os aspectos estão unidos, segundo Aristóteles.

Mas cabe perguntar por que esses dois aspectos ocorrem efetivamente unidos, pergunta que nos leva a outra, decisiva: quando Aristóteles diz que o amigo é querido por si mesmo, o que ele entende por "si mesmo"? O que devemos entender que é o si mesmo do ser humano?

Por enquanto, o "si mesmo" de cada um se manifesta no modo como a pessoa vive e realiza sua existência, em resumo, nas suas ações. Não em quaisquer ações, mas nas ações ou atos escolhidos. Aristóteles distingue, em sua ética, atos voluntários e atos escolhidos.

Atos voluntários são aqueles realizados com conhecimento do que se está fazendo e sem qualquer coação externa que force o indivíduo à sua realização. A ação voluntária é, em resumo, aquela cuja causa está no agente. Concebida assim a voluntariedade, Aristóteles não hesita em reconhecer que as crianças, e também os animais, realizam condutas ou ações voluntárias: um cachorro solto que tem sede comporta-se "voluntariamente" quando vê uma poça de água e vai beber nela, posto que ninguém o força a fazer tal coisa, ou seja, sua ação brota dele mesmo, movido por seu desejo.

Nem toda ação voluntária é, no entanto, uma ação escolhida. A escolha comporta conhecimento racional, deliberação, e Aristóteles a caracteriza como "inteligência desejosa", ou "desejo inteligente".

A escolha é, portanto, algo próprio e exclusivo do ser humano adulto. É o princípio propriamente humano da ação, do qual surgem as ações verdadeiramente humanas. Aristóteles chega a dizer da escolha que "um princípio tal é homem".

O "si mesmo" do homem se manifesta, pois, nas formas de atuação escolhidas, e portanto o "si mesmo" do homem bom se manifestará em escolhas boas, retas.

Por sua vez, as ações e escolhas retas dependem fundamentalmente de disposições ou hábitos morais adequados, isto é, dependem da posse das virtudes éticas correspondentes.

A definição da virtude ética proposta por Aristóteles merece ser meditada detidamente, embora já tenhamos tratado disso no capítulo sobre "sabedoria e virtude", na parte III, sobre bondade.

No capítulo VI do livro II da *Ética a Nicômaco*, define-se a virtude ética como "um hábito de escolher um meio-termo coerente conosco", meio-termo "determinado por uma regra, aquela regra com a qual o homem prudente o determinaria".

Nesta definição encontram-se concisamente expressos todos os aspectos pertinentes à virtude ética.

Em primeiro lugar, é um hábito, ou seja, uma disposição firme e estável. Mas há muitos hábitos e disposições.

A virtude ética é uma disposição relativa à escolha; portanto, um hábito graças ao qual estamos dispostos a escolher de uma determinada forma.

De fato, as virtudes éticas facilitam nossa escolha, orientando-a para um meio–termo. A ação reta se situa sempre num meio-termo entre dois extremos reprováveis, sem cair nem no excesso nem na falta (assim, a valentia se situa entre a ação covarde e a conduta estupidamente temerária etc.). O meio-termo adequado não está, no entanto, na eqüidistância exata entre os extremos, nem tampouco é o mesmo para todos. Não existe meio-termo absoluto. O meio-termo é relativo a nós: o que para um ou em determinada circunstância é "excessivo", para outro ou em outra circunstância pode se mostrar "deficiente", escasso.

Por isso, assinala Aristóteles que a regra que "determina" e define a ação virtuosa, a melhor e preferível, é a regra ou razão que em cada caso seria seguida pelo homem prudente. O julgamento correto, de fato, é uma questão de prudência.

Vamos lembrar que, segundo Aristóteles, os hábitos e disposições de um indivíduo constituem e configuram seu caráter. E lembremos, por fim, que embora nossas escolhas resultem de nosso caráter – e dos hábitos que o configuram –, nossos hábitos e caráter são, por sua vez, resultado de nossas escolhas. O que significa que, em última instância, cada um é responsável por seu caráter, já que este resulta, em último caso, de nossas escolhas.

Depois desse esquemático recurso à concepção aristotélica da escolha, da virtude e do caráter, podemos voltar à amizade perfeita para responder o que quer dizer "querer ao amigo por ele mesmo".

Significa querê-lo pela excelência de seu caráter, pela excelência de suas virtudes, não como algo que o amigo possui estaticamente, mas como resultado e, ao mesmo tempo, fonte de suas escolhas.

Portanto, podemos dizer que é querê-lo como pessoa, se por "pessoa" entendemos um agente ativo e responsável, que se realiza e se expressa através de suas escolhas.

Mas a amizade perfeita está baseada na excelência, na virtude e nas escolhas não somente daquele que é amado, mas também, e principalmente, na excelência, virtude e escolhas daquele que ama.

Na *Ética a Nicômano*, Aristóteles distingue entre o carinho e a amizade, assinalando que o carinho é mais propriamente um afeto ou sentimento, enquanto a amizade é um hábito, uma disposição permanente do caráter.

Como toda disposição ética, a amizade se refere primordialmente à escolha – neste caso, à escolha adequada dos amigos. E a escolha adequada do amigo é a escolha do amigo que é bom, que é excelente. Desse modo, Aristóteles pode dizer que, "ao amar o amigo, amam seu próprio bem, pois, quando alguém bom se converte em amigo querido, transforma-se num bem para aquele que o ama". De modo que um e outro amam seu próprio bem e se recompensam reciprocamente. De fato, diz-se que a amizade é igualdade, o que se dá principalmente na amizade entre os bons.

A concepção aristotélica da amizade revela-se, portanto, não só racional, mas elevada.

E com isso dou por encerrada esta digressão filosófica sobre a concepção aristotélica da amizade. Fiz uma exposição da postura de Aristóteles. De qualquer modo, e com isso concluo, parece razoável convir que uma amizade que não torna os amigos melhores é uma amizade que não merece tal nome, nem vale a pena ser cultivada.

# X
# A FILOSOFIA E SEU DEVIR
## Do idealismo e do socialismo utópico à filosofia analítica

A maioria dos filósofos, e esta é sua vocação mais apreciada, anseia pela inteligibilidade perfeita e pela unidade total. Por isso, a filosofia transcendental crítica de Kant só podia deixá-los insatisfeitos: para Kant, o entendimento não pode conhecer a profundidade das coisas e se contenta em "soletrar os fenômenos". Seus sucessores irão propor, portanto, sistemas nos quais a irredutível oposição entre a coisa e o espírito será eliminada.

Se o século XIX se caracteriza pelo formidável progresso das ciências e das técnicas, também é um período de fortes tensões sociais. A Revolução Industrial cria muita prosperidade, mas também muita miséria.

A fossa aberta ente os chamados "capitalistas" – detentores do capital, que enriquecem vantajosamente graças ao trabalho alheio – e os chamados "proletários", que não têm outra opção a não ser trocar sua força de trabalho por um salário escasso, faz com que o crescente desenvolvimento econômico das sociedades liberais do século XIX tenha seu reverso: a recente pauperização da classe operária. Essas "realidades proletárias" estão na origem do socialismo, como reação a uma sociedade que, no curso de seu crescimento, fez caso omisso do homem.

Aos teóricos do liberalismo econômico, que querem subordinar a sociedade ao indivíduo, os socialistas replicam, preconizando a subordinação do indivíduo à sociedade. Segundo eles, é preciso promover novas organizações sociais, em cujo seio os particulares possam contribuir para o bem-estar de todos.

Essas organizações podem ser utópicas ou podem reivindicar um valor científico real, mas tanto num caso como no outro perseguem no fundo o mesmo objetivo: uma sociedade mais justa e eqüitativa. Assim, a filosofia se torna práxis, ou seja, ação, luta política.

O interesse pelo homem, por seu comportamento, sua obra, sua cultura, sua linguagem, nasceu, sem dúvida, com a interrogação filosófica. Mas fazer do homem o objeto de uma ciência experimental, em pé de igualdade com a física ou a química, era um projeto que antes de meados do século XIX ninguém havia concebido: nascem assim as ciências humanas. No entanto, se as ciências do homem nasceram na segunda metade do século XIX com os primeiros tratados de sociologia e de psicologia, é sem dúvida no início do século XX que alcançam sua maturidade.

O termo "existencialismo" se impôs, por assim dizer, a despeito dos próprios existencialistas: não há filosofia mais contrária aos termos terminados em "ismo" do que o existencialismo. Se tivéssemos que definir sumariamente esta filosofia, ao enfoque racionalista poderia se opor a tendência "existencialista", mais inclinada a descrever o "vivido" em sua ambigüidade concreta do que a submeter a informação às exigências da inteligência lógica e reconstruí-lo segundo a ordem racional. O que une os existencialistas é o interesse pela existência humana concreta e a recusa da racionalidade como regra suprema do real.

No início do século XX, a ciência conhece uma grave crise, materializada, entre outras coisas, pela teoria da relatividade de Einstein e pelos princípios derivados da mecânica quântica. Assim, nos primeiros anos do século XX a ciência deu nomes a um bom número de ilusões: ilusões da subjetividade, da causalidade, da completude e, inclusive, da realidade dos objetos dos quais fala. O discurso da filosofia sobre a ciência – epistemologia, do grego *episteme*, ciência – se ocupará disso.

Com a filosofia analítica, começa uma nova maneira de conceber o ato de filosofar. Já não se trata de constituir um saber autêntico sobre o homem ou sobre o mundo, mas de questionar a maneira pela qual o homem, por sua linguagem, pensa o mundo. A filosofia analítica nos diz que é inútil, ou seja, perigoso, atribuir aos objetos denotados pelas palavras qualidades que eles não possuem.

A filosofia analítica deve ser interpretada como uma reação que, longe de pretende descrever o mundo, explicá-lo ou mesmo transformá-lo, se dedica a resolver pequenos problemas lingüísticos por meio de longas cadeias de paráfrases, algo que nos lembra as discussões da escolástica.

## Adam Smith

"Muitas pessoas passam pela nossa vida, mas muito poucas chegam a ocupar um grande lugar no nosso coração", costumava dizer Smith.

Adam Smith nasceu em Kirkcaldy, Escócia, em 1723. Seu pai, juiz e oficial da alfândega, morreu pouco depois que ele nasceu. Adam Smith estudou nas universidades de Glasgow e Oxford. Foi catedrático de lógica e de filosofia moral na Universidade de Glasgow.

Em sua obra *Teoria dos sentimentos morais*, ele nos explica a origem e o funcionamento dos sentimentos morais, o ressentimento, a vingança, a virtude, a admiração, a corrupção e a justiça. O resultado é uma concepção dinâmica e histórica dos sistemas morais, em oposição a visões mais estáticas como as propostas pelas religiões.

Em termos filosóficos, a natureza humana estaria projetada para fornecer fins ou causas finais que não necessariamente são conhecidas pelos sujeitos, que se guiam pelas causas eficientes.

Mas Adam Smith passou à história por sua obra *A investigação sobre a natureza e causas da riqueza das nações*, ou simplesmente *A riqueza das nações*, pela qual é considerado pai e fundador da economia política.

A obra é uma tentativa de estabelecer a diferença entre a economia política e a ciência política, a ética e a jurisprudência. Um elemento fundamental para essa diferenciação foi a crítica ao mercantilismo, corrente heterogênea que vinha desenvolvendo noções de economia desde o século XV, mais vinculada aos impérios coloniais do que à nascente Revolução Industrial.

Segundo a tese central dessa obra, a chave do bem-estar social está no crescimento econômico, que se potencializa por meio da divisão do trabalho. A divisão do trabalho, por sua vez, se aprofunda à medida que se amplia a extensão dos mercados e, portanto, a especialização.

Uma particularidade desse trabalho é a proposta de que, graças ao apelo ao egoísmo dos demais, se consegue o bem-estar geral. Isso é muitas vezes interpretado de forma imprecisa, como se o egoísmo simplesmente levasse ao bem-estar geral. No entanto, passagens tanto dessa obra como dos sentimentos morais deixam claro que a empatia com o egoísmo do outro e o reconhecimento de suas necessidades é a melhor forma de satisfazer as próprias necessidades.

A obra de Adam Smith constitui também um guia para o projeto de uma política econômica de governo. Os benefícios da "mão invisível" do mercado só serão obtidos numa sociedade bem governada.

## John Stuart Mill

John Stuart Mill nasceu em Londres em 1806, filho do historiador, economista e filósofo James Mill. Educado desde pequeno pelo pai, converteu-se numa criança intelectualmente superdotada, o que dificultou suas relações sociais e com o sexo oposto.

Estudou grego (aos 8 anos já era capaz de ler autores gregos no original), latim, geometria, álgebra, química, botânica, psicologia, direito, economia política (familiarizando-se com as idéias de Adam Smith e David Ricardo), e a obra e os pensamento de Aristóteles e da lógica escolástica.

Liberal, mas profundamente preocupado com as questões sociais, defendeu a liberdade sindical e o cooperativismo. Foi pioneiro do feminismo e, na juventude, foi preso por propagar métodos de controle da natalidade.

Para ele, a finalidade da vida do indivíduo é a felicidade. Sustenta que as ações são boas quando tendem a promover a felicidade, e más quando promovem o oposto. A felicidade é o prazer e a ausência de dor, e a infelicidade, dor e privação de prazer.

Suas idéias sobre economia política estão explicadas, basicamente, em seus *Princípios da economia política*. Convencido de que a questão social é tão importante quanto os problemas políticos, coloca em dúvida o caráter inamovível da propriedade privada e critica o sistema de distribuição do trabalho e da propriedade que condena as classes trabalhadoras, numa emergente sociedade industrial, a uma existência desesperada de fome e miséria.

Embora não chegue a uma solução de tipo socialista, tem o mérito de ter reproposto o tema social a partir de uma perspectiva nova.

## Karl Marx

Karl Max nasceu em 1818, em Treveris (Renânia, Alemanha) com o nome de Haim Mardochai Kissel, no seio de uma família judaica. Seu pai, Hirsehel Levi (depois Hirschel Marx), exercia a advocacia, além de ser conselheiro de justiça; sua mãe era de origem holandesa e descendente de rabinos. Estudou direito e filosofia.

Foi um duríssimo crítico da sociedade burguesa. Entendia que o homem vive alienado, alheio, uma situação cuja raiz se encontra na injusta estruturação da atividade econômica. Se não se resolve a injustiça nesse plano básico ou estrutural, toda a vida social continuará sendo injusta e alienante.

Para ele, a causa básica da injustiça é a propriedade privada dos meios de produção, que gera a separação entre os proprietários (burgueses) e os não-proprietários (proletários, donos apenas de sua prole, de seus filhos). Os proprietários se valem da força do trabalho dos não-proprietários (a força de trabalho é o único gerador de riqueza) para aumentar seu capital, e dão ao trabalhador como paga o mínimo necessário para a sua subsistência e de sua família.

Ele chama a diferença entre a riqueza que os trabalhadores geram e o que efetivamente recebem por seu trabalho de "mais-valia". Em resumo, trata-se de um saque, ou roubo, que uns poucos, os burgueses, realizam contra as grandes maiorias, os proletários.

Marx acreditava que essa sociedade injusta seria suplantada por uma "sociedade comunista", sem divisão de classes e sem propriedade privada dos meios de produção. Mas também acreditava que essa mudança só aconteceria através de uma revolução violenta, gerada por um movimento que reunisse a inteligência dos intelectuais revolucionários e a força das massas proletárias.

Para ele, a religião é o suspiro da criatura oprimida, a alma de um mundo sem coração. "A religião é o ópio do povo", afirmava.

Dele disse Lênin: "Max é o sucessor de tudo o que a humanidade criou de melhor no século XIX: a filosofia alemã, a economia política inglesa e o socialismo francês".

## Bertrand Russell

Bertrand Arthur William Russell nasceu em Ravenscroft, Inglaterra, em 1872. Ficou órfão de pai e mãe aos 6 anos. Foi educado pelos avós e por tutores particulares num ambiente rigidamente vitoriano. Estudou matemática e filosofia no Trinity College, chegando a ser um dos mais destacados filósofos e matemáticos do século XX.

É reconhecido como um dos fundadores da filosofia analítica. Estava especialmente horrorizado com a doutrina idealista das relações internas, que sustenta que, para conhecer uma determinada coisa, devemos conhecer todas as suas relações.

Esforçou-se para eliminar as suposições da filosofia, que para ele eram absurdas e incoerentes, para obter clareza e precisão na argumentação graças ao uso exato da linguagem e à divisão de proposições filosóficas em componentes mais simples.

Viu na lógica e na ciência as principais ferramentas do filósofo. Portanto, diferentemente da maioria de seus contemporâneos e dos filósofos que o precederam, não acreditava que houvesse um método específico para a filosofia. Achava que a principal tarefa do filósofo era esclarecer as proposições mais genéricas sobre o mundo e eliminar a confusão. Em particular, queria acabar com os excessos da metafísica.

Em sua última etapa filosófica, adotou um tipo de "monismo neutro", sustentando que a diferenciação entre o mundo material e mental era, em sua análise final, arbitrária, e que ambos podem ser reduzidos a uma esfera neutra.

Em sua *Autobiografia*, afirmou: "Três paixões, simples mas avassaladoras, governaram minha vida: a necessidade de amar, a sede de conhecer e a dolorosa compaixão pelo sofrimento humano".

Sem dúvida, foi um dos pensadores mais interessantes, profundos, mordazes e ativos do século XX, deixando um enorme legado de escritos, dos quais podemos extrair importantes lições.

## Henri-Louis Bergson

Henri-Louis Bergson nasceu em Paris em 1859. Seu pai, Michael, nascido em Varsóvia, foi um excelente pianista e compositor. Sua mãe, Katherine, era de Yorkshire, Grã-Bretanha, e sempre falou com seus sete filhos em inglês. Ambos eram judeus, e Henri-Louis foi educado nas tradições da religião judaica.

Com o passar do tempo, Bergson aproximou-se cada vez mais do cristianismo, mas não chegou a ser batizado porque, segundo suas próprias manifestações, não quis abandonar seus irmãos de raça quando estavam ameaçados por perseguições.

Em sua filosofia uma idéia se destaca. Desde Platão, a filosofia consistia em eliminar a duração, em contemplar o tempo como uma ilusão, e ele se perguntou se, ao contrário, o ser infinito do qual os filósofos tinham conhecimento pela reflexão não seria o próprio tempo, não seria algo imperecível.

Ele substituiu a frase de Descartes "Eu sou uma coisa que pensa" pela frase "Eu sou uma coisa que dura", e o "*sub specie aeternitatis*" de Spinoza pela "*sub specie durationis*". Substituindo os valores estáticos por valores de movimento e mudança, operou uma verdadeira revolução no campo da filosofia.

Segundo ele, a filosofia como ciência só pode progredir descartando as teorias gerais e os sistemas universais e dedicando a atenção aos problemas particulares. Quanto ao seu método, enquanto a maior parte dos filósofos idealistas contemporâneos tentava conciliar a filosofia com a ciência, Bergson substituiu o método propriamente científico por um método novo fundado na intuição.

Bergson opõe ao mecanicismo e ao finalismo uma só causa ou princípio do processo evolutivo, que ele denomina *élan* (impulso) vital, uma força irresistível e criadora que se aninha no interior da vida e se confunde com ela.

Ele fez deste *élan* vital, que é um *élan* criador, o centro de sua concepção vitalista e evolutiva do mundo. A vida, sustenta ele, é um ato simples de organização que vai "do centro para a periferia".

Bergson admirava a Espanha e os espanhóis. "O espanhol é nobre e generoso, até em seus erros", chegou a dizer.

## Jean-Paul Sartre

Jean-Paul Sartre nasceu em Paris em 1905. Seus pais foram Jean-Baptiste Sartre, um oficial naval, e Anne-Marie Schweitzer, prima de Albert Schweitzer (médico, filósofo, teólogo, músico e físico alemão de origem alsaciana e Prêmio Nobel da Paz em 1952). Seu pai morreu quando ele tinha 15 meses, e a mãe o criou com a ajuda do pai dela, Charles Schweitzer.

Sartre estudou em Paris, na elitista École Normale Supérieure, onde conheceu Simone de Beauvoir (com quem criou *Les Temps Modernes*, uma publicação sobre política e literatura). Os dois foram desde então companheiros inseparáveis pelo resto da vida, numa relação não-monogâmica. Juntos combateram as suposições e expectativas da formação burguesa.

Sua vida se caracterizou por uma atitude militante da filosofia. Sartre solidarizou-se com os mais importantes acontecimentos de sua época, como o maio francês, a revolução cultural chinesa e a luta de Che Guevara. É o paradigma do intelectual engajado do século XX.

Para Sartre, a existência humana está "condenada a ser livre", isto é, envolvida com a ação responsável – o compromisso existencial –, sem escusas. Ele opina que no ser humano a existência precede a essência, ao contrário do que se acredita tradicionalmente; a essência humana não é algo preexistente à vida de cada ser humano, mas algo que, tanto em cada ser humano como na humanidade inteira, se constrói por meio das escolhas que fazemos diariamente.

As coisas existem, mas elas ignoram isso. As coisas são "em si" e não "para si". Enquanto uma coisa é, simplesmente, o que ela é, o homem é o que não é, e não é o que é. Está sempre, por seus projetos, além de toda situação, e sempre, por sua consciência, além de si mesmo.

Enquanto a coisa "é", o homem "existe", ou seja, escapa sempre ao que é, renova-se indefinidamente. E Sartre proclama: "A existência precede a essência".

## Karl Jaspers

Karl Jaspers nasceu em Oldenburg, Alemanha, em 1883. Seu pai era jurista e sua mãe pertencia a uma comunidade agrícola local.

Começou os estudos de direito, mas logo abandonou-os pelos de medicina. Trabalhou no hospital psiquiátrico de Heidelberg, mostrando-se insatisfeito com a forma pela qual a comunidade médica da época abordava o estudo das enfermidades mentais. Professor de psicologia na Universidade de Heidelberg, logo se voltou da psicologia para a filosofia, com a intenção de ampliar temas que já havia desenvolvido em seus trabalhos psiquiátricos.

Na raiz de seu pensamento encontra-se o interesse pelo conhecimento científico e sua relação com a filosofia e os problemas existenciais do homem.

Em sua obra filosófica, ele nos dá uma visão de seu pensamento, começando pela ciência moderna e o empirismo, assinalando que, ao questionar a realidade, enfrentamos os limites que um método científico (ou empírico) simplesmente não pode transpor.

Nesse ponto, o indivíduo enfrenta opções: afundar na resignação ou dar um salto para o que ele chama de "transcendência". Ao dar esse passo, os indivíduos confrontam-se com sua própria liberdade ilimitada, que Jaspes chama de "existência" (*Existenz*), e podem finalmente experimentar a autêntica existência.

A transcendência é, para Jaspers, o que existe além do mundo do tempo e do espaço; e a existência, a experiência indefinível de liberdade e possibilidade.

"O homem só toma consciência de seu ser nas situações-limite", afirmava.

## Friedrich Wilhelm Nietzche

Friedrich Wilhelm Nietzche nasceu num pequeno povoado, Röchen, perto de Lützen, na província prussiana da Saxônia, em 1844. Era filho de Franzizka e Carl Ludwing Nietzche, pastor luterano e preceptor privado, que faleceu quando o pequeno Friedrich tinha 4 anos. Era uma criança ensimesmada e de extrema retidão de consciência, a ponto de seus amigos o apelidarem de "Pequeno Pastor".

Na escola secundária, estudou piano. Prosseguiu seus estudos como interno na prestigiosa escola de Pforta, onde recebeu sólida formação científica, literária e religiosa. Ali, aprendeu grego e latim, e leu os clássicos no original. Ao sair de Pforta, na Universidade de Bonn, matriculou-se na carreira de teologia por insistência da mãe, mas ao mesmo tempo inscreveu-se no curso de filologia.

Realizou uma profunda crítica da cultura, religião e filosofia ocidentais à luz de uma questão básica, analisando as atitudes positivas e negativas em relação à vida adotadas pelos diversos sistemas de moralidade.

Sustentava que a crença em Deus, a moral e a metafísica haviam se revelado inconsistentes; que a sua origem não se encontra a não ser no homem, no homem fraco e sofredor, que não é capaz de superar por si mesmo a dor e procura consolo no além.

Por isso fala da "morte de Deus" e propõe um novo tipo de homem: o super-homem. Paralelamente, adverte sobre o perigo de que nosso tempo dê à luz o mais baixo dos homens, o "último homem", que não vive a grandeza alienada do homem clássico, mas tampouco chega à grandeza própria do super-homem. O "último homem" é aquele que se conforma com o superficial, que não se comove nem com a "morte de Deus".

Ele considera esse homem desprezível. Em compensação, em várias passagens mostra admiração pelos santos e pelos membros do alto clero da Igreja Católica, não por sua fé, mas por sua autoexigência. Foi, sem dúvida, uma pessoa de espírito aristocrático.

Em *Assim falou Zaratustra*, sua obra mais famosa, o personagem central é o predicador persa que sete séculos antes de Cristo ensinou que havia um princípio do bem e um princípio do mal. Na obra, Zaratustra vem corrigir seu erro e nos dizer que não há um bem e um mal em si. O bem e o mal são o que nós fazemos que sejam, mas nós estamos "além do bem e do mal".

Nietzche se apresenta como o pensador da decadência iniludível da civilização ocidental. Nascida na Grécia, essa civilização, profetiza Nietzche, está a ponto de naufragar no niilismo, isto é, na desvalorização de todos os valores, na perda irremediável do sentido.

Embora tenha sido intensamente combatido em sua curta e contundente vida de trabalho, que acabou com um colapso mental quando ele contava 56 anos, recebeu amplo reconhecimento durante a segunda metade do século XX como uma figura altamente significativa da filosofia moderna.

Sua influência foi particularmente aguda no século XX, fazendo-se sentir especialmente em vários filósofos existencialistas, fenomenológicos, pós-estruturalistas e pós-modernos.

# À GUISA DE EPÍLOGO

O apogeu industrial americano, conhecido como a era de ouro do capitalismo, surgiu repentinamente após o fim da Segunda Guerra Mundial e durou até 1964.

As crianças nascidas durante essa próspera era são conhecidas como filhos do *baby boom,* um fenômeno que não aconteceu apenas na América do Norte, mas também em muitos países europeus depois da Segunda Guerra Mundial.

Na Espanha, embora com dez anos de atraso e menor dimensão, chegou entre os anos de 1957 e 1977, que poderiam ser considerados os anos do *baby boom* espanhol, período em que nasceram quase 14 milhões de crianças. Essas gerações representam atualmente um terço da população da Espanha.

Esse fenômeno, que inaugurou um período de prosperidade sem precedentes nos Estados Unidos, também assistiu ao aparecimento de uma profissão inesperada, que contribuiu para a plenitude da época: a psicologia industrial, um híbrido entre a psicologia do comportamento e a psicologia da produção.

Naquela época, a Revolução Industrial concentrava toda a sua energia no desenvolvimento de maquinaria e de cadeias de montagem, sem se preocupar com o que hoje chamamos de "recursos humanos", que naquele tempo eram maltratados e explorados.

Para corrigir esses desajustes, o psicólogo industrial interveio para dar respostas a questões do tipo: Como contar com trabalhadores capacitados? Como motivar trabalhadores e dirigentes? O que fazer para dar "satisfação" ao trabalhador?

Mas o que é a psicologia industrial?

É a aplicação de diversas técnicas psicológicas à seleção e treinamento dos trabalhadores de uma organização empresarial, para promover condições e técnicas de trabalho eficientes, assim como a satisfação dos trabalhadores.

A escolha de trabalhadores para uma tarefa específica consiste essencialmente em detectar aptidões e traços de personalidade mais adequados para o posto, e, a partir daí (análise da tarefa), selecionar as provas necessárias para determinar que candidatos se ajustam melhor a esse perfil.

O desenvolvimento de testes desse tipo foi, durante bastante tempo, um campo básico da investigação psicológica.

Quando o trabalhador já está em seu posto e já foi formado, o principal objetivo do psicólogo industrial é descobrir como fazer com que uma tarefa específica seja desempenhada com um mínimo de esforço e um máximo de satisfação individual.

A função do psicólogo, conseqüentemente, difere da do especialista em eficiência, que dá prioridade ao incremento da produtividade.

As técnicas psicológicas empregadas para diminuir o esforço necessário para realizar um determinado trabalho incluem um detalhado estudo dos movimentos requeridos para sua realização, do equipamento utilizado e das condições em que é feito.

Essas condições incluem ventilação, climatização, iluminação, ausência de ruídos e qualquer outra circunstância que afete o conforto e o ânimo do trabalhador.

Depois de realizar esse estudo, o psicólogo industrial com freqüência determina que determinado trabalho pode ser realizado com menor esforço quando se modificam as rotinas utilizadas na tarefa, ou quando se altera a posição das ferramentas, ou se melhoram as condições ambientais.

Os psicólogos industriais estudaram também os efeitos da fadiga sobre os trabalhadores, para determinar a modalidade da jornada de trabalho que gera maior produtividade.

Em alguns casos, tais estudos demonstraram que a produção total de uma tarefa pode ser melhorada reduzindo o número de horas de trabalho ou incrementando o número de períodos de descanso durante a jornada.

Os psicólogos industriais podem também sugerir que haja exigências menos diretas para a melhora geral dos resultados do trabalho, como, por exemplo, aprimorar os canais de comunicação entre a direção e os funcionários.

Mas o psicólogo industrial foi apenas o precursor rudimentar do filósofo empresarial.

Hoje em dia, em alguns países, entre os quais se destacam os Estados Unidos e o Reino Unido, os filósofos já estão trabalhando como consultores do governo e em determinadas empresas e organizações profissionais. Ministram cursos de formação sobre o dilema ou a integridade, por exemplo.

Alguns consultores filosóficos se especializaram em definir objetivos e códigos de ética para as empresas e organizações empresariais, projetando as oficinas correspondentes a fim de colocá-los em prática.

Os empregados precisam participar de exercícios éticos específicos para compreender a aplicação de princípios éticos abstratos e, também, para prever e resolver os potenciais conflitos entre sua moralidade pessoal e seu código de conduta profissional. E os consultores filosóficos oferecem esses serviços. E outros.

E os dirigentes?

Cada vez mais a sociedade considera o dirigente um ser humano, que não somente pensa, mas também sente e tem uma essência que o distingue dos demais.

Mas já é hora de os dirigentes ampliarem sua visão sobre a realidade que os cerca e os inunda. Devem olhar seu interior para descobrir novos caminhos, para incrementar sua eficácia pessoal e prestar um pouco mais de atenção ao que têm de humanos, e não tanto ao que têm de tecnocratas.

Como conseguir isso?

Procurando caminhos que nos ajudem a redescobrir a pessoa em sua essência vital, a reaprender o fundamental, o que foi esquecido, ou seja, o que estava reservado aos filósofos.

Em outras palavras, devem se tornar mais holísticos (isto é, capazes de dar uma resposta aos que procuram um desenvolvimento pessoal integral, o conhecimento de si mesmos e o equilíbrio interior, por meio do ensino rigoroso, da aprendizagem sistemática e da prática de disciplinas, artes, técnicas, métodos e procedimentos que integrem os aspectos espiritual, corporal, mental e emocional) e mais globais, não só na economia, mas também nos conhecimentos.

Em outras palavras, já está na hora de a filosofia entrar na empresa.

Acho que chegou o momento de os dirigentes tomarem consciência de que o desenvolvimento pessoal é o caminho que precisam percorrer se pretendem continuar sendo competentes.

Só descobrindo que a realidade é um reflexo do interior é que se poderá assumir a responsabilidade de modificá-la, orientando-a para o caminho escolhido. E esperamos que esse "despertar da consciência" provoque nos dirigentes uma atitude aberta de inquietação e aprendizagem constante, de abertura mental, eliminando os medos e barreiras que os impedem de perguntar, descobrir e gerar energia criativa.

Estou firmemente convencido de que, se estivermos dispostos a filosofar, a aprender com os filósofos, poderemos alcançar e manter o nível de excelência pessoal e empresarial que todos desejamos, e para a felicidade e satisfação pessoal que necessitamos.

Para encerrar este livro, gostaria de citar uma frase maravilhosa daquele que foi um dos pintores mais geniais de todos os tempos, e que jamais foi capaz de vender uma única obra: Vincent van Gogh.

"Não posso mudar o fato de meus quadros não serem vendidos. Mas vai chegar a hora em que as pessoas irão reconhecer que eles têm muito mais valor que a tinta usada neles".

Vamos pensar, recapacitar-nos, refletir, ou seja, vamos filosofar.

ESTE LIVRO FOI IMPRESSO EM PÓLEN SOFT 70g
NA IMPRENSA DA FÉ,
SÃO PAULO, BRASIL, 2008